新装版

DVD&CDで学ぶ
ドイツ語
発音マスター

新倉 真矢子

Daisan Shobo

装丁　　成田由弥
図版製作　飯箸　薫
イラスト　川田美緒

◆ **本書付属DVDとCD** ◆

DVD　収録内容：母音と子音（第2章，第3章に対応しています）
　　　出演：Diana Beier
CD　　吹込箇所：本書のCDマークが付いている例文，単語，練習問題
　　　吹込：Diana Beier　　Matthias Wittig
製作　高速録音株式会社

本書のコピー，スキャン，デジタル化等の無断複製は著作権法上での例外を除き禁じられています。本書を代行業者等の第三者に依頼してスキャンやデジタル化することは，たとえ個人や家庭内での利用であっても著作権法上認められておりません。

はじめに

● 本書は，ドイツ語の正確な発音を効率よく身につけたい人のためのDVD・CD付き発音教材です。DVDを使うことで実際の口の動きや舌の位置などを確かめながら発音の仕方を学んでいくことができます。DVDの視覚的・聴覚的情報は，発音する際の具体的なイメージを作り出すのに役立ちます。そしてCDを繰り返し聞くことで正しい発音を身につけていくことができます。また，本書には詳しい発音の仕方が解説されていますので，理論的に理解しながら学んでいくことができます。

● 日本語を話す際には，日本語の音韻体系に合った口や舌の動きをしています。ドイツ語を発音するには，日本語を発音するときよりも口を大きく動かしたり，舌をこれまで使ったことのない場所に置いたりすることがあります。ドイツ語には日本語と比べて音が多くありますので（日本語 母音5個，ドイツ語 母音17個，日本語 子音19個，ドイツ語 子音22個），日本語よりもドイツ語を発音するときの方が口や舌の動きが複雑になるといえます。

● 発音練習は，よくスポーツのトレーニングにたとえられます。ドイツ語を発音するために口や舌などの動かし方を新たに覚えるには，十分にトレーニングを積まなければなりません。視覚や聴覚からの情報と共にトレーニングは毎日行いましょう。

● 発音ができれば聞き取りもたやすくなります。というのも，発音と聞き取りは密接なつながりがあるからです。リスニング力を高めたい人も本書を使ってまずは発音を身につけてください。そうすれば聞き取りも上達するでしょう。

● 発音が良ければドイツ語が「できる」という印象を与えることにもつながります。また，発音が不十分だと相手に理解してもらうために負担をかけてしまい，何度も聞き返されたり，外国人としての心理的な隔たりを感じさせてしまうことにもつながりかねません。ドイツ語話者とのコミュニケーションを円滑に行うために発音はとても重要です。

著 者

本書で使用している発音記号は，国際音声学会のIPA（Internationales Phonetisches Alphabet）で使用されているものです。

■本書の使い方■

1. 第1章では，ドイツ語の発音を理論的に学びます。

2. 第2章，第3章の各ページの頭には，そのページで練習する「音」が発音記号で書かれています。その下には口の写真と口の中の図があり，舌をどの位置に置き，肺からの息の流れは口からなのか，鼻から出るのかといったことが確かめられます。

3. 発音の仕方が解説されています。よく読んで，頭の中で自分の口や舌の動きを想像してみましょう。そして実際に自分の口や舌を動かして正しい動きを実践してください。日本人学習者は同じような間違いをしやすいので，本書ではそれに配慮してあります。

4. DVDを見てお手本通りの発音を心がけてください。最初からできなくても何度も繰り返し練習することで徐々に正しい発音ができるようになります。日本語とは異なる舌の動かし方を新たに学んでいく作業をするのですから，ドイツ語の発音を完全に身につけるには少し時間がかかります。毎日15分から30分ほど練習してください。しばらく練習し，DVDやCDの音と自分の発音が一致してきたら，正しい発音ができた証拠です。

Lektion 1

[aː] [a]　日本語の「ア」よりも口を大きく開ける！

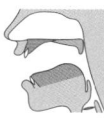　Aal [áːl]　ウナギ

　all [ál]　すべての

ポイント

ドイツ語の [a] は，日本語の「ア」よりも口を大きく開けて発音します。舌を下げて口を縦に2倍ほど開けるようなイメージで発音しましょう。

„a" には長母音 [aː] と短母音 [a] がありますが，その違いは長さだけで，音質は同じです。長短の区別は，続く子音の数や (Name [náːmə], Hand [hánt])，同じ母音が連続する場合 (Aal [áːl])，h が続く場合 (ihn [íːn]) で決まります (S.21参照)。

アクセントのある母音を発音する際には，ほんの少し力を入れましょう。日本語のアクセントは「高低アクセント」ですが，ドイツ語のアクセントは「強弱アクセント」ですので強さを意識して発音しましょう (S.20参照)。

>>>>>>> **ステップ 1**　次のa音は長母音ですか，それとも短母音ですか？
聞いてどちらかに✓を入れましょう。続いて発音しましょう。

	長母音	短母音			
1.	□	□	alt	古い，年をとった	a+子音2こ
2.	□	□	Atem	息	a+子音1こ
3.	□	□	Hahn	雄鶏	a+h
4.	□	□	Gast	客	a+子音2こ
5.	□	□	Saal	大広間	a+a

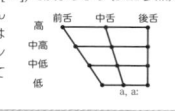

5 練習問題は，ステップ1からステップ3に分かれています。ステップ1は音に慣れるための聞き取り練習で，主に音と文字の関係が取り上げられています。ステップ2では，似た音を対比させたり，日本人が間違えやすい音を組み合わせたり，文章の中に入れたりして音や単語を練習します。ステップ3では，実際の会話文の内容を理解し，比較的長い文を発音する練習をします。早口言葉も含まれています。

6 第4章では，アクセントやイントネーション，そして後半には会話中の「音の変化」についての説明も扱われています。日常会話のドイツ語では前後の音の影響を受けて別の音に変わったり，音が消えたりする場合がありますが，この規則を知っていれば発音はもちろん，聞き取りもたやすくなるでしょう。

7 付録として巻末にドイツ語技能検定試験（独検）3・4級レベルの聞き取り問題を載せました。本書で学んだ成果が結果に表れることを期待しています。

ステップ2　23

① [a:]-[a] を含む単語を発音しましょう。
1. ☐ Aal [á:l]　ウナギ　　☐ all [ál]　すべての
2. ☐ Bahn [bá:n]　電車　　☐ Bank [báŋk]　銀行，ベンチ
3. ☐ Tag [tá:k]　日　　　☐ Tank [táŋk]　タンク
4. ☐ kam [ká:m]　来た（過去形）　☐ Kamm [kám]　くし

② 質問を聞いて Ja で答えましょう。
1. Ist das ein Aal?　　*Ja, das ist ein Aal*
2. Ist das ein Kamm?
3. Ist das Sahne?
4. Ist das eine Tasche?
5. Ist das ein Ball?

③ ( ) のうちどちらかの単語が流れます。どちらかを聞き取り，しるしをつけましょう。続いて発音しましょう。
1. Ist das eine (Bahn/Bank)?
   − Nein, das ist keine (Bahn/Bank), sondern eine (Bahn/Bank).
2. Ist das ein (Wal/Wall)?
   − Nein, das ist kein (Wal/Wall), sondern ein (Wal/Wall).
3. Ist das Zimmer (kahl/kalt)?
   − Ja, das Zimmer ist sehr (kahl/kalt).

ステップ3　次の文の(a)〜(c)の部分を聞き取り，正しいものを選びましょう。その後，発音しましょう。

パーティで出会って
○ Guten Tag! Mein Name ist Axel Dahlmann.
☐ Guten Tag! Mein Name ist Hahn, Hanna Hahn. (a) Sie schon lange hier?
○ Ja, schon acht Jahre. Ich bin (b) bei der Axa Bank.
☐ Ich bin (c). Ich arbeite bei der Anke AG.

(a)　1. Arbeiten　　2. Studieren　　3. Warten
(b)　1. Arbeiter　　2. Angestellter　　3. Arbeitnehmer
(c)　1. Fachkraft　　2. Bankkauffrau　　3. Fotografin

← 本書「実践編」より

◆ DVD の構成・使い方 ◆

本書で学ぶ母音と子音が収録されています。第2章と第3章の内容に対応しています。
DVD のメインメニューは，「母音」と「子音」に分かれています。
「母音」と「子音」はそれぞれ，ALL PLAY で最初から通して見ることも，
個別に見たい Lektion を選択して見ることもできます。
ネイティブの映像と音声，口蓋図を見ながら聴くわかりやすい解説が入っているので，
本と併せての学習はもちろん，DVD 単独でも使用することができます。

DVD 収録内容

母音		子音	
Lektion 1	[aː] [a]	Lektion 13	[p] [b]
Lektion 2	[iː] [ɪ]	Lektion 14	[t] [d]
Lektion 3	[uː] [ʊ]	Lektion 15	[k] [g]
Lektion 4	[oː] [ɔ]	Lektion 16	[s] [z]
Lektion 5	[eː] [ɛ]	Lektion 17	[ʃ] [ʒ]
ä の音を確認しましょう		Lektion 18	[f] [v]
音を比較してみましょう [iː][ɪ][eː][ɛ]		Lektion 19	[x] [ç]
Lektion 6	[ə]	Lektion 20	[ʀ] [ʁ] [ɐ]
Lektion 7	[ɐ]	Lektion 21	[l]
音を比較してみましょう [ə][ɐ][a]		Lektion 22	[n] [ŋ]
Lektion 8	[øː] [œ]	Lektion 23	[m]
Lektion 9	[yː] [ʏ]	Lektion 24	[ʔ]
Lektion 10	[aɪ̯]	Lektion 25	[h]
Lektion 11	[aʊ̯]	Lektion 26	[j]
Lektion 12	[ɔɪ̯]	Lektion 27	[pf]
		Lektion 28	[ts]
		Lektion 29	[tʃ]
		Lektion 30	[kv]
		Lektion 31	[ks]

DVD の使用上の注意

▶DVD 再生プレーヤーもしくは再生できるパソコンでご使用ください。
▶ご覧頂くときは，部屋を明るくし，テレビに近づきすぎないようにしましょう。
▶ディスクには汚れやキズなどをつけないでください。
▶本ディスクはコピーガード処理をしてあります。

片面・1層

◆ CDの構成 ◆

本書付属の2枚のCDには，練習問題のほか，本書に掲載されている単語や例文のほとんどを収録してあります。
本書に表記されているCDマークに付いている番号がCD番号とトラック番号になります。
繰り返し聴き，正確な発音を身につけましょう。

```
                        CD 収録内容

   CD1 トラック 1〜20      第1章 理論編《ドイツ語発音のポイント》
                                掲載の全ての単語，章末「発音記号一覧表」

   CD1 トラック 21〜65     第2章 実践編《母音》
                                見出し発音，見出し単語，スペル，
                                ステップ1〜3（解答付きで収録）

   CD1 トラック 66〜       第3章 実践編《子音》
   CD2 トラック 50                見出し発音，見出し単語，スペル，
                                ステップ1〜3（解答付きで収録）
                                章末「子音配列」

   CD2 トラック 51〜83     第4章 アクセントとイントネーション
                                掲載の全ての単語，例文と各問題

   CD2 トラック 84〜99     巻末付録 聞き取り問題にチャレンジ
                                《ドイツ語技能検定形式》
```

DVD 出演：Diana Beier
DVD 解説：新倉真矢子
CD 吹込：Diana Beier, Matthias Wittig

著作権について
CDとDVD及び本書は，著作権上の保護を受けております。CD, DVD及び本書の一部，または全部について，権利者に無断で複写，複製，放送，インターネットによる配信，公の上映，レンタル（有償無償問わず）することは法律により禁じられています。

目　次

はじめに／各ページの構成 ……………………………………………… 1

第1章　理論編《ドイツ語発音のポイント》 ………………… 9

Ⅰ．ドイツ語の母音 ……………………………………………… 10
　　1. 舌の高さ　2. 舌の前後　3. 唇の丸め（円唇・非円唇）
　　4. 緊張母音・弛緩母音　5. 二重母音　6. 日独母音の対比

Ⅱ．ドイツ語の子音 ……………………………………………… 13
　　1. 調音位置　2. 調音法　3. 有声音・無声音

Ⅲ．ドイツ語文字の読み方 ……………………………………… 16
　　1. 母音の読み方
　　　　1) 長母音　　　　　　　2) 二重母音
　　　　3) 変母音（Umlaut）　　4) rの母音化
　　2. 子音の読み方
　　　　1) 末尾音硬化　　　　　2) 注意すべき子音
　　　　3) 語尾の (e)n, (e)m, (e)l　4) 子音連続

Ⅳ．語アクセントの位置 ………………………………………… 20
　　1. アクセント位置
　　2. アクセントのある母音の長短
　　3. アクセントのない接頭辞
　　4. 接尾辞の -ei, -ieren など
　　5. 略語のアクセント
　　6. 短縮語のアクセント

Ⅴ．日本語とドイツ語のリズムの違い ………………………… 22

★ 発音記号一覧表 ……………………………………………… 24
　　母音／二重母音／子音（無声子音・有声子音）／その他の子音の読み方

第2章　実践編《母音》 ……………………………………………… 27

Lektion 1	[aː] [a]	Aal [áːl]	all [ál] …………………… 28
Lektion 2	[iː] [ɪ]	Miete [míːtə]	Mitte [mítə] ………………… 30
Lektion 3	[uː] [ʊ]	Fuß [fúːs]	Fluss [flús] ………………… 32
Lektion 4	[oː] [ɔ]	Ofen [óːf(ə)n]	offen [ɔ́f(ə)n] ……………… 34
Lektion 5	[eː] [ɛ]	Beet [béːt]	Bett [bét] ………………… 36
Lektion 6	[ə]	bitte [bítə]	……………………………… 38
Lektion 7	[ɐ]	Bier [bíːɐ]	……………………………… 39
Lektion 8	[øː] [œ]	Öfen [ǿːf(ə)n]	öffnen [œ́fn(ə)n] ………… 40
Lektion 9	[yː] [ʏ]	Hüte [hýːtə]	Hütte [hýtə] ……………… 42
Lektion 10	[aɪ]	Eis [áɪs]	……………………………… 44
Lektion 11	[aʊ]	Haus [háʊs]	……………………………… 46
Lektion 12	[ɔɪ]	neu [nɔ́ɪ]	……………………………… 48
コラム		ドイツ語の発音について	…………………………… 50

第3章　実践編《子音》 ……………………………………………… 51

Lektion 13	[p] [b]	Pass [pás]	Bass [bás] ………………… 52
Lektion 14	[t] [d]	Tier [tíːɐ]	dir [díːɐ] ………………… 54
Lektion 15	[k] [g]	Kasse [kásə]	Gasse [gásə] ……………… 56
Lektion 16	[s] [z]	Glas [gláːs]	Gläser [glɛ́ːzɐ] …………… 58
Lektion 17	[ʃ] [ʒ]	schon [ʃóːn]	Genie [ʒeníː] …………… 60
Lektion 18	[f] [v]	fein [fáɪn]	Wein [váɪn] ……………… 62
Lektion 19	[x] [ç]	Nacht [náxt]	nicht [níçt] ……………… 64
Lektion 20	[ʀ] [ʁ] [r]	grau [gʁáʊ]	……………………………… 66
Lektion 21	[l]	Lamm [lám]	……………………………… 68
Lektion 22	[n] [ŋ]	dann [dán]	Dank [dáŋk] ……………… 70
Lektion 23	[m]	man [mán]	……………………………… 72
Lektion 24	[ʔ]	in [ʔín]	……………………………… 73
Lektion 25	[h]	hin [hín]	……………………………… 74
Lektion 26	[j]	ja [jáː]	……………………………… 76
Lektion 27	[pf]	Pfund [pfúnt]	……………………………… 77
Lektion 28	[ts]	Zeit [tsáɪt]	……………………………… 78
Lektion 29	[tʃ]	deutsch [dɔ́ɪtʃ]	……………………………… 79
Lektion 30	[kv]	quer [kvéːɐ]	……………………………… 80
Lektion 31	[ks]	links [líŋks]	……………………………… 81
子音配列			……………………………… 82

第4章　アクセントとイントネーション …… 89

Ⅰ．語アクセント …… 90

Ⅱ．文アクセント …… 91
1. 通常の文アクセント
2. 対立的な文アクセント
3. 感情的な文アクセント

Ⅲ．イントネーション …… 93
1. 平叙文と決定疑問文
2. 命令文と決定疑問文
3. 平叙文と補足疑問文
4. ていねいな疑問文
5. アクセント単位としての語群

【発展】音変化（おんへんか）…… 99
1. 同化 …… 99
   - 1.1. 鼻音の同化
   - 1.2. 有声子音の同化
2. 音脱落 …… 102
   - 2.1. 語末のe音の脱落
   - 2.2. 会話でのe音脱落の表記
   - 2.3. さらなる変化
   - 2.4. よりドイツ語らしい発音をするために
   - 2.5. 同子音の一方の音の脱落
3. 弱くなる音（母音弱化）…… 106

付録　聞き取り問題にチャレンジ …… 108
《ドイツ語技能検定試験の聞き取り問題形式》

☆練習問題の解答，日本語訳文は付属別冊に掲載しています☆

ドイツ語発音のポイント

　ドイツ語を発音するためには何よりもドイツ語の文字を正確に読むことが大切です。ドイツ語は基本的にローマ字通りに読みますが，そうでないところもあり，その規則を覚えることが正しく読めるかどうかの一つのポイントになります。その上で「ドイツ語らしい」，ネイティブ並みの発音に近づけるためには，ドイツ語の母音や子音，それにアクセントの位置，リズム，イントネーションに気をつける必要があります。いずれも本書で取り扱いますが，この章では，ドイツ語発音の基本である母音と子音，ドイツ語文字の読み方，アクセントの位置そしてリズムについて導入します。

　　　　Ⅰ．ドイツ語の母音
　　　　Ⅱ．ドイツ語の子音
　　　　Ⅲ．ドイツ語文字の読み方
　　　　Ⅳ．語アクセントの位置
　　　　Ⅴ．日本語とドイツ語のリズムの違い
　　　発音記号一覧表

Ⅰ. ドイツ語の母音

　母音とは，ア，イ，ウ，エ，オのように呼気が声道（のどや口）を通る際にどの部分にも閉鎖や極端な狭めなどを受けずに発せられる音をいいます。声を出しながらア，イ，ウ，エ，オと続けていうと，息が続く限り音が聞こえ，一瞬止まったり擦れ（こす）たような音になることはありません。ア，イなどの母音を区別するのは音色ですが，それを決めるのは次の3点です：

1. 舌の高さ：舌が上がっているか下がっているか
2. 舌の前後：舌が前の方にあるか後ろの方にあるか
3. 唇の丸め：唇が丸まっているか丸まっていないか

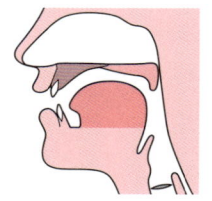

　右ページの母音図を用いて説明しましょう。母音図とは，顔の左横からみた口の中を図式化したものです。母音図の垂直方向（縦方向）は，舌の高さに一致し，水平方向（横方向）は，舌の前後の位置に一致します。

1. 舌の高さ

　舌を上下させると，口やあごも連動して開いたり閉じたりします。舌が最も下がっている（口が一番大きく開いている）ところから徐々に舌を上げていくと，順番に「低母音」，「中低母音」，「中高母音」，「高母音」の4種類が区別できます。[a]は舌が一番低い（口が一番開いている）ところにありますので，これを「低母音」といいます。[i]と[u]の舌の位置は一番高い（口が一番閉じている）状態ですので，これを「高母音」といいます。[i]から[a]に向けて，ちょうど3分の1ほど下げたところに[e]や[o]があり，これが「中高母音」，さらに3分の1ほど下げれば[ɛ]と[ɔ]の「中低母音」になります。

　＊舌の高さの代わりに開口度を用いて広母音（ひろ）－半広母音（はんひろ）－半狭母音（はんせま）－狭母音（せま）とも言います。

2. 舌の前後

　母音図の水平方向（横方向）は，舌の前後の動きに一致します。[i]と[u]を比べると，[i]では舌が前の方にありますが，[u]では舌全体が奥に引っ込み，後ろの方が盛り上がっています。「前方」にある[i]を「前舌母音（まえした）」，「後方」にある母音[u]を「後舌母音（あとした）」といいます。[e], [ɛ]などは「前舌母音」，[o], [ɔ]などは「後舌母音」です。

[ə]と[ɐ]の舌の位置は，口の中のちょうど「中央」にありますので，「中舌母音」です。[ə]は，シュワー音（Schwa），別名「あいまい母音」と呼ばれているように，口を半開きにして力を入れずにだらしなく発音するとちょうど舌が上下，前後とも真ん中に位置し，この音になります。アクセントを持たない特殊な音です。

3. 唇の丸め（円唇・非円唇）

母音図の縦線の左側には，唇の丸めを伴わない「非円唇母音」が，右側には唇の丸めを伴う「円唇母音」があります。従って，[i]は非円唇母音ですが，舌の位置をそのままにして唇を丸めると円唇の[y](=ü)音になります。舌を[ɪ]の状態にして唇を丸めると[ʏ](=ü)になります。[e]と言いながら唇を丸めると[ø](=ö)，そして[ɛ]は[œ]になります。ドイツ語の[u]は円唇ですが，日本語の[ɯ]（ウ）は非円唇ですので，ドイツ語を発音するときには唇を丸め，舌の位置を奥の方にすることが必要です。

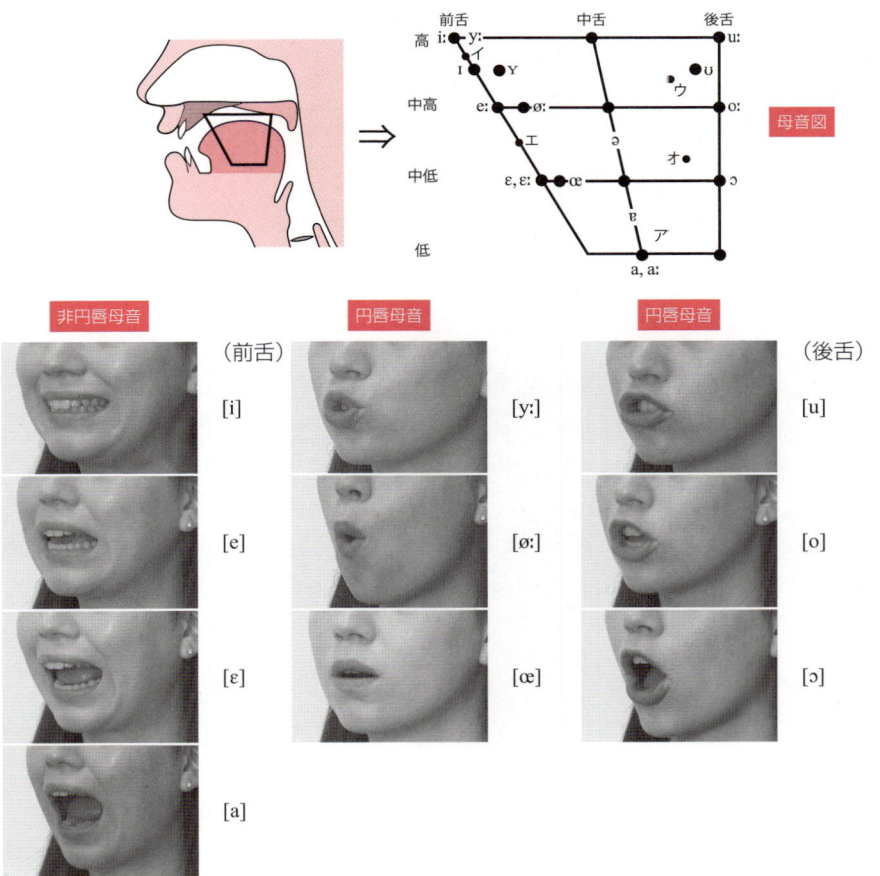

4. 緊張母音・弛緩母音

　ドイツ語の母音は基本的に長母音と短母音がセットを作ります。「イ」にあたる母音には長母音の [iː] と短母音の [ɪ] があり、「ウ」には [uː] と [ʊ] があります（表①参照）。長母音は緊張を伴い、短母音より口を閉じ加減に発音します（緊張母音）。短母音は短いのであまり緊張する時間がないこともあり（弛緩母音）、また長母音のように閉じ加減にする時間がないことも関係して、長母音より開き加減に発音します。長母音と短母音には別々の発音記号があるように、長短母音の音質は違います。

　長短母音でセットを作らない音に [ɛ] と [a] があります。表①には [ɛː] の短母音のところに同じ音質の [ɛ] が入っています。[a] も同様に長母音と短母音で音質が変わりません（[aː], [a]）。長短母音でも同じ音質のこの2つの母音は、ドイツ語の母音体系上、例外となる音です。

長母音 (緊張母音)	[iː]	[eː]	[ɛː]	[aː]	[oː]	[uː]	[øː]	[yː]
短母音 (弛緩母音)	[ɪ]	[ɛ]	[ɛ]	[a]	[ɔ]	[ʊ]	[œ]	[ʏ]

表①

5. 二重母音

　ドイツ語の二重母音には、[aɪ], [aʊ], [ɔɪ] があります。日本語の「アイ」「アウ」「オイ」のように1つずつ丁寧に発音するのではなく、最初の母音 [a], [ɔ] に2番目の母音 [ɪ], [ʊ] を添えるように発音します。なお、[ɔɪ] は辞書によっては [ɔʏ], [ɔy] と表記されていますが、本書は IPA に従いました。

6. 日本語とドイツ語の母音の対比

　ドイツ語と比べて日本語の方が口の開け方が小さいとされています。しかも日本語の母音は5つしかないので、日本語の母音を話す場合は口の中を5分割しますが、ドイツ語では母音が 17* ありますので、17分割して発音します。日本語で分割された5分の1に相当するところをドイツ語ではさらに2〜6つにも分けているのです。そのため、ドイツ語の音を日本語の音に置き換えてしまいがちです。以下のように日本語でドイツ語の母音を代用することなく、ドイツ語の音が正しく発音できるようにしましょう。

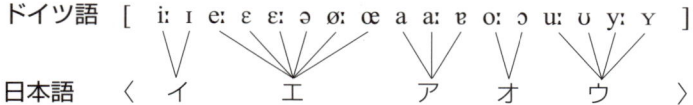

* /r/ の異音 [ɐ] も含みます。

II. ドイツ語の子音

子音は，肺からの呼気が口から出るまでに声道のどこかで何らかの妨げを受ける音です。日本語の子音は19個，ドイツ語の子音は22個です。日本語には，ドイツ語のように口蓋垂を使ったり，唇と歯で発音する音がありません。また，rとlを区別しないなどの違いがあります。子音を分類するには以下の3つが関係します。

1. 調音位置：どこで空気が妨げられるか
2. 調音法：どのように空気が妨げられるか
3. 有声・無声の区別：声帯の震えを伴うか伴わないか

15ページの表②の横軸には，左端の両唇にはじまり，右端の声門に向かって順番に調音器官が分類されています。縦軸には，肺からの呼気が完全に遮断されたり，一部だけ狭められたりするなど，どのような妨げを受けるかに応じた調音法が載っています。それぞれの枡目の上にあるのが無声音，下は有声音です。

1. 調音位置

[p]を発音するには両方の唇を使うので，[p]は「両唇音」に分類されます。上歯の裏側の根元部分から盛り上がったところ（約1cm）までを「歯茎」，盛り上がった頂点から弓のように反り返ったあたりを「後部歯茎」，そしてそれより奥の硬い部分を「硬口蓋」，さらに奥の柔らかい部分を「軟口蓋」といいます。それより奥には垂れ下った部分があり，いわゆる「のどひこ」と言われる「口蓋垂」があります。さらに奥の，喉の中には声帯があり，これも調音に使います。母音を発音する直前にいったん声門を閉じて発音する[ʔ]や声帯を狭めて発音する[h]がそれです。

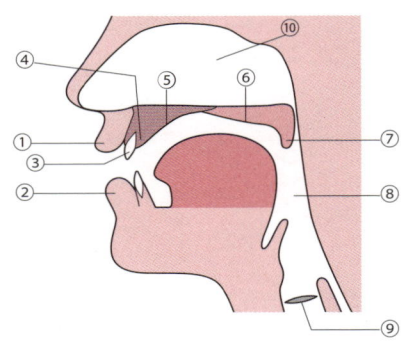

①上唇（じょうしん） ②下唇（げしん）
③上歯（じょうし） ④歯茎（しけい）
⑤硬口蓋（こうこうがい） ⑥軟口蓋（なんこうがい）
⑦口蓋垂（こうがいすい） ⑧咽頭（いんとう）
⑨声帯（せいたい） ⑩鼻腔（びくう）

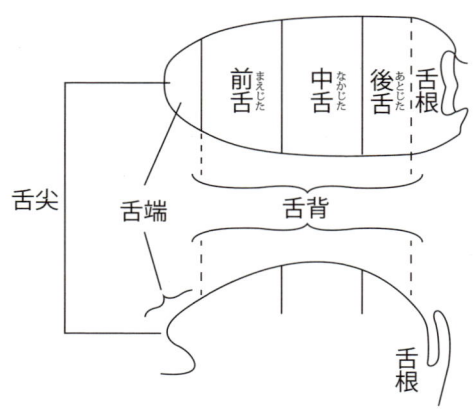

2. 調音法

破裂音（はれつおん）：口の中のどこかを完全に閉じて空気を一瞬止め，その直後に閉鎖を破って破裂させるように一気に空気を出す音をいいます。例えば [p] では，調音位置である「両唇（りょうしん）」をいったん閉じて息の通り道を塞ぎ，その後一気に両唇を開けて息を出します。

摩擦音（まさつおん）：口の中のどこかを接近させて空気の出る隙間を作ることで，擦れ合うような音を出します。[f] では下唇と上歯（「唇歯（しんし）」）の間にわずかな隙間を作り，空気を擦るように通して操音を作ります。

鼻音（びおん）：口から息を出さないように口の中をしっかり閉じて鼻から息を抜きます。「両唇」を閉じて鼻から息を出すと [m] に，歯茎を舌先で閉じると [n] になります。

震え音（ふるえおん）（顫動音せんどうおん）：舌先で歯茎を何度もたたけば「巻き舌音」の [r] になります。口蓋垂が後舌をたたけば [ʀ] 音になります。

側面接近音（そくめんせっきんおん）：ドイツ語では [l] が唯一の側面接近音です。[l] を発音するには，舌先を歯の裏側にある「歯茎」にしっかりあてて舌の両側から息を出します。

3. 有声音・無声音

　表②には調音位置と調音法が交差するところにそれぞれの「音」が記載されています。枡目の上には無声音が，下には有声音が入ります。例えば [p] と [b] は両方の唇を使って発音しますので「両唇音」であり（表の横軸参照），一度閉じて空気を一気に出す「破裂音」（表の縦軸参照）でもあります。[p] も [b] も同じところで発音しますが，[p] は無声音，[b] は有声音です。[p] は従って「無声両唇破裂音」，[b] は「有声両唇破裂音」です。

　[s] と [z] では，舌先を歯茎に近づける「歯茎音」であり，そこに隙間を作って発音する「摩擦音」です。従って，[s] は「無声歯茎摩擦音」，[z] は「有声歯茎摩擦音」です。

調音法 \ 調音位置	両唇音 bilabial	唇歯音 labiodental	歯茎音 alveolar	後部歯茎音 postalveolar	硬口蓋音 palatal	軟口蓋音 velar	口蓋垂音 uvular	声門音 glottal
破裂音 Plosive　無声	p		t			k		ʔ
有声	b		d			g		
摩擦音 Frikative　無声		f	s	ʃ	ç	x		h
有声		v	z	ʒ	j		ʁ	
鼻音 Nasale	m		n			ŋ		
震え音 Vibrant			(r)				(ʀ)	
側面接近音 lateraler Approximant			l					

表②

＊ [r], [ʀ], [ʁ] は /r/ の異音ですが，本書では [ʁ] を使用します。

　日本語の子音の数は少ないので，ドイツ語の発音を次のように置き換えてしまいがちです。

子音

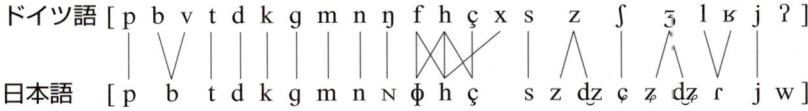

III. ドイツ語文字の読み方

ドイツ語は,基本的にはローマ字読みにすれば発音できますが,ローマ字読みに一致しない場合やドイツ語特有の音もあります。以下にはドイツ語の読み方で気をつける点をまとめました。

1. 母音の読み方

1) 長母音

aa, ee, oo のように同じ母音が続くと長母音になります。i の重母音 ii はドイツ語にないので,i を長音にするには ie または ih と書きます。u の重母音 uu もありませんので uh と書きます。

＊アクセントのある母音は長母音もしくは短母音のいずれかになるので,本書では長母音には母音に下線を,短母音には母音に点をつけて区別します。またアクセント位置には [´] をつけます。

| Aal | [áːl] | うなぎ | Tee | [téː] | 茶 | Boot | [bóːt] | ボート |
| nie* | [níː] | 決して…でない | noch | [nɔ́x] | まだ | Hand | [hánt] | 手 |

☞ ie にアクセントが付かない場合は,[iə] と読みます:
   Familie [famíːliə]　家族　　Ferien [féːʁiən]　休暇

母音＋h

母音の直後に h が続くと,h そのものは発音しませんが,母音は(h のスペース分)長く延ばします。

ah	[aː]	Bahn	[báːn]	鉄道	Sahne	[záːnə]	生クリーム
eh	[eː]	Mehl	[méːl]	小麦粉	nehmen	[néːmən]	手に取る
ih	[iː]	ihm	[íːm]	彼に	Ihnen	[íːnən]	あなたに
oh	[oː]	ohne	[óːnə]	…なしに	Bohne	[bóːnə]	豆
uh	[uː]	Kuh	[kúː]	牛	Huhn	[húːn]	鶏

なお,長母音,二重母音,子音直後の h は発音しません:

| ziehen* | [tsíːən] | 引く | Reihe* | [ʁáɪə] | 列 |
| Thema | [téːma] | テーマ | Rhein | [ʁáɪn] | ライン川 |

＊音節を分ける働きをする〈h〉(silbentrennendes h)

2）二重母音

母音が2つ組み合わさると「二重母音」になり，特別な読み方になります。

- ▶ ai, ei, ay, ey [aɪ]
  - M<u>ai</u> [máɪ]　　　5月　　　<u>Ei</u>s [áɪs]　　　アイスクリーム，氷
  - B<u>ay</u>ern [báɪɐn]　バイエルン　M<u>ey</u>er [máɪɐ]　マイヤー（姓）

- ▶ au [aʊ]
  - H<u>au</u>s [háʊs]　　家　　　bl<u>au</u> [bláʊ]　　青

- ▶ eu, äu [ɔɪ]
  - h<u>eu</u>te [hɔ́ɪtə]　　今日　　n<u>eu</u>n [nɔ́ɪn]　　9
  - Verk<u>äu</u>fer [fɛɐ̯kɔ́ɪfɐ]　店員　h<u>äu</u>fig [hɔ́ɪfɪç]　ひんぱんに

3）変母音　Umlaut

a, o, u の上に「¨」がつくと前舌化され，ö, ü ではさらに円唇化された特別な音になります。

ä	[ɛː, ɛ]	K<u>ä</u>se [kɛ́ːzə]	チーズ	Gesch<u>ä</u>ft [ɡəʃɛ́ft]	店
ö	[øː, œ]	<u>Ö</u>l [øːl]	油	k<u>ö</u>nnen [kœ́nən]	できる
ü	[yː, ʏ]	m<u>ü</u>de [mýːdə]	疲れた	d<u>ü</u>nn [dýn]	薄い

4）rの母音化 [ɐ̯]

語末や音節末の -er, -r は軽い「ア」（[ɐ], [ɐ̯]）と発音します。r に終わる音節中にアクセントのある長母音があれば短く [ɐ̯] と発音し，er を含む音節にアクセントがなければ [ɐ] と多少長く発音します。

Bie<u>r</u> [bíːɐ̯]　　ビール　　Tü<u>r</u> [týːɐ̯]　　ドア
Leh<u>r</u>e<u>r</u> [léːʁɐ]　教師　　Mutte<u>r</u> [mútɐ]　母

☞ 非分離前つづり er, ver, zer の r は短い [ɐ̯] です。

e<u>r</u>warten [ɛɐ̯váʁt(ə)n]　期待して待つ
ve<u>r</u>passen [fɛɐ̯pás(ə)n]　取り逃す
ze<u>r</u>stören [tsɛɐ̯ʃtǿːʁən]　破壊する

2. 子音の読み方

1) 末尾音硬化

語末・音節末の有声破裂音と有声摩擦音はともに無声音になります。子音が連続してもすべて無声になります：du lebst [léːpst]. これを「末尾音硬化（まつびおんこうか）」といいます。

[b]	→	[p]	halbe [hálbə]	→	halb [hálp]	半分の
[d]	→	[t]	Hände [héndə]	→	Hand [hánt]	手
[g]	→	[k]	Tage [táːgə]	→	Tag [táːk]	日
[z]	→	[s]	Häuser [hɔ́ɪzɐ]	→	Haus	家
[v]	→	[f]	aktive [aktíːvə]	→	aktiv [aktíːf]	活動的な

＊有声音では声帯が振動しますが、無声音では声帯が振動しません。のどの部分を手のひらでおおい [b], [d], [g], [z], [v] と言って声帯の振動を確かめましょう。[p], [t], [k], [s], [f] は無声音なので振動が伝わってきません。

2) 注意すべき子音

s（母音の直前で）	[z]	Saal [záːl]	広間	so [zóː]	そのように
ss	[s]	essen [és(ə)n]	食べる	Kuss [kús]	キス
sp（語頭で）	[ʃp]	Sport [ʃpɔ́ʁt]	スポーツ	Spiel [ʃpíːl]	遊び
st（語頭で）	[ʃt]	Student [ʃtʊdént]	大学生	Stern [ʃtéʁn]	星
ß	[s]	Fuß [fúːs]	足	weiß [váɪs]	白い
sch	[ʃ]	Schuh [ʃúː]	靴	waschen [váʃ(ə)n]	洗う
tsch	[tʃ]	Deutsch [dɔ́ɪtʃ]	ドイツ語	tschüss [tʃýs]	バイバイ
ch	[x, ç]	＊a,o,u,au の後は [x]、それ以外は [ç]			
		acht [áxt]	8	Woche [vɔ́xə]	週
		Buch [búːx]	本	auch [áʊx]	もまた
		ich [íç]	私	echt [éçt]	本当に
		Bücher [býːçɐ]	本 (pl.)	möchten [mœ́çt(ə)n]	ほしい
		China [çíːna]	中国		
chs	[ks]	sechs [zɛ́ks]	6	wachsen [váks(ə)n]	成長する
-ig（語末）	[ɪç]	billig [bílɪç]	安い	ruhig [ʁúːɪç]	静かな
v	[v, f]	Vase [váːzə]	花瓶	Vater [fáːtɐ]	父
w	[v]	Wagen [váːg(ə)n]	車	Winter [víntɐ]	冬
y	[yː, ʏ]	Typ [týːp]	タイプ	Ypsilon [ýpsilɔn]	Y
z	[ts]	Zebra [tsébʁa]	シマウマ	Zoo [tsóː]	動物園

18

3) 語尾の -(e)n, -(e)m, -(e)l

　語尾の -en, -em, -el は，特に強調しない限り e を省略する傾向にあります。そのために本書では (ə) で示しました。e を省略すると [n̩], [m̩], [l̩] となります。[n], [m], [l] の下の [̩] は「音節主音」を意味するもので，[n], [m], [l] は音節の中心的な役割を担い，省略した [ə] ほどの長さで発音します。[n̩], [m̩], [l̩] のような子音を「音節主音的子音」と言います。動詞，形容詞，名詞などの語尾に現れます。（S.102 参照）

| bitt**en** [bít(ə)n]: [bítn̩] | 頼む | Gart**en** [gáʁt(ə)n]: [gáʁtn̩] | 庭 |
| A**tem** [á:t(ə)m]: [á:tm̩] | 息 | Hand**el** [hándəl]: [hándl̩] | 商売 |

　ただし，-len, -ren, -nen, -men などに終わる場合は原則として e を入れて発音します。しかし，最近ではこの場合も e を落とす傾向にあります。

| spiel**en** [ʃpí:lən], [ʃpí:ln̩] | 遊ぶ | fahr**en** [fá:ʁən], [fá:ʁn̩] | （乗り物に乗って）行く |
| wein**en** [váinən], [váinn̩]* | 泣く | komm**en** [kɔ́mən], [kɔ́mn̩]* | 来る |

＊さらなる変化は S.103 参照

4) 子音連続

　ドイツ語は子音の重なりが多い言語です。日本人は子音の間に母音を小さく入れて発音してしまうことがあります。また，語尾の子音は弱く発音しがちなので，最後までしっかり発音しましょう。

Pos**t** [pɔ́st]	郵便局，郵便	× [posuto]
Fi**lm** [fɪlm]	映画，フィルム	× [fɪlumu]
O**bst** [ó:pst]	果物	× [o:pusuto]

Ⅳ. 語アクセントの位置

　語アクセントとは，単語の中の1つの音節を強く・高く（低く）・長く発音して「際立たせる」ことです。日本語は「箸」，「橋」，「端」などのようにアクセントに「高さ」を使い（高低［ピッチ］アクセント），高さで意味を区別しますが，ドイツ語ではAugust（8月）とAugust（名前）のように主にアクセントに「強さ」を使って意味を区別します（強弱［ストレス］アクセント）。アクセントは，意味を伝えるために大切な役割を担っています。（S.90参照）

　　は˥し（箸，橋）　　　　　　　　　　はし（端）
　　あ˥め（雨）　　　　　　　　　　　　あめ（飴）
　　＊˥はアクセント位置です。

CD1 10
August [áʊɡʊst]	アウグスト	August [aʊɡúst]	8月
Kaffee [káfe]	コーヒー	Café [kafé:]	カフェ
umfassen [úmfas(ə)n]	はめかえる	umfassen [ʊmfás(ə)n]	囲む
Konstanz [kɔ́nstants]	コンスタンツ（市）	konstant [kɔnstánt]	不変の
einfach [áɪnfax]	簡単な	ein Fach [aɪn fáːx]	1つの科目

1. アクセント位置

　ドイツ語のアクセントは，基本的に基礎語の第1音節にあります。2つ以上の語が合わさってできた複合語では，最初の語にアクセントがつき，後半の語のアクセントはなくなります。

11
　　Biene [bíːnə]　ハチ　　arbeiten [áʁbaɪt(ə)n]　働く
　　Bahn [báːn]＋Hof [hóːf]　⇒　Bahnhof [báːnhoːf]　駅
　　Studenten [ʃtʊdént(ə)n]＋Wohn [vóːn]＋Heim [háɪm]
　　　⇒　Studentenwohnheim [ʃtʊdént(ə)nvoːnhaɪm]　学生寮

　意味を並列させている場合は，並列の最後の語にアクセントが付きます。
　　Jahr [jáːʁ]＋Hundert [húndɐt]　⇒　Jahrhundert [jaːʁhúndɐt]　世紀
　　schwarz [ʃváʁts]＋weiß [váɪs]＋Film [fɪlm]
　　　⇒　Schwarzweißfilm [ʃvaʁtsváɪsfɪlm]　モノクロ映画

　外来語のアクセントは，ほとんどが語末の音節か，後ろから2番目の音節にあります。
　　Universität [univɛʁzitéːt]　大学　　Bibliothek [bibliotéːk]　図書館
　　Terrasse [tɛʁásə]　　　　　テラス　Gitarre [gitáʁə]　　　　　ギター

2. アクセントのある母音の長短

アクセントのある母音の長短は，続く子音の数により決まります。

▶ 母音に続く子音が1個までの場合には，長母音です。
　母音＋子音0個,1個：
　　Leben [léːb(ə)n]　生活，人生　　　　da [dáː]　　あれ，あそこ

▶ 母音に続く子音が2個以上の場合は，短母音です。
　母音＋子音2個以上：
　　fast [fást]　ほとんど　　　　danke [dáŋkə]　ありがとう

☞ ただし，1音節の語には例外が数多くあります
　　Obst [óːpst]　果物　　　　Mond [móːnt]　月

☞ アクセントのない母音は，続く子音の数に関係なく，短母音です。
　　Unterricht [úntɐʁɪçt]　授業　　　　lebendig [lebéndɪç]　活発な

3. アクセントのない接頭辞

be-, emp-, ent-, er- ge-, ver-, zer- などの非分離動詞を作る接頭辞にはアクセントがありません。

　　beginnen [bəgínən]　始める　　　　Erfindung [ɛɐ̯fíndʊŋ]　発明

4. 接尾辞の -ei, -ieren など

-ei や -ieren などに終わる接尾辞にはアクセントがつきます。

-ei:	Bäckerei [bɛkɐʁáɪ̯]	パン屋		allerlei [alɐláɪ̯]	いろいろな
-ant:	interessant [ɪntəʁɛsánt]	興味をひく	-är:	familiär [familiɛ́ːɐ̯]	家族の
-ekt:	Dialekt [dialékt]	方言	-ell:	offiziell [ɔfit͡siél]	公式の
-enz:	Konferenz [kɔnfeʁénts]	会議	-eur:	Friseur [fʁizǿːɐ̯]	美容師
-ie:	Fantasie [fantazíː]	空想力	-ient:	Patient [pat͡siént]	患者
-ieren:	studieren [ʃtudíːʁən]	大学で勉強する	-ion:	Lektion [lɛkt͡sióːn]	課
-ist:	Polizist [politsíst]	警官	-iv: aktiv [aktíːf] 活動的な	-og: Dialog [dialóːk] 会話	
-ort:	Export [ɛkspɔ́ʁt] 輸出	-ös: seriös [zeʁiǿːs] まじめな	-ur: Kultur [kʊltúːɐ̯] 文化		

5. 略語のアクセント

略語では最後の文字にアクセントがあります。

PK**W** [peːkaːvéː]　乗用車（Personenkraftwagen の略）
W**C** [veːtséː]　トイレ（water closet の略）
IC**E** [iːtseːéː]　超特急列車（Intercity-Expresszug の略）
DAA**D** [deːaːaːdéː]　ドイツ学術交流会（Deutscher Akademischer Austauschdienst の略）

6. 短縮語のアクセント

縮約語は，最初の音節にアクセントがつきます。

Kuli [kúːli]　ボールペン（Kugelschreiber）
Krimi [kríːmi]　推理小説（Kriminalroman）

V. 日本語とドイツ語のリズムの違い

「ドイツ語らしく」発音するには，個々の音に気をつけると同時にリズムを意識することも重要です。リズムのもとになる単位は，ドイツ語では「音節」ですが日本語では「モーラ」（Mora）です。「音節」は母音を中心に前後に子音を含むまとまりを表す単位ですので，Bonn [bɔn]は1音節ですが，「ボン」のモーラ数は，かな文字の数と同じ2こです。

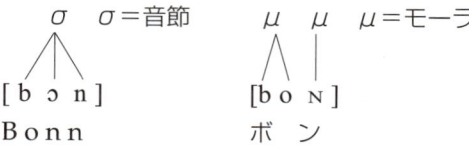

Bonnでは[ɔ]を中心に直前の[b]と直後の[n]を持つ1つの音節にまとめられますが，日本語では「ボ」にあたる[bo]がひとまとまり，「ン」の[ɴ]は独立して1モーラを形成します。つまりドイツ語と日本語ではまとまりとなるリズムの単位が違っています。

＊音節と異なり，モーラでは撥音[m, n, ŋ, ɴ]や促音[Q]，長音，二重母音の2つ目の母音も1つのモーラに数えます。

日本語ではそれぞれのモーラの時間をほぼ一定にすることでリズムを形成しますので，「モーラ拍リズム」の言語といわれています。実際には2モーラずつを1つの単位として発音する傾向にあり，数や曜日などは2モーラずつのまとまりが一般的です：

```
      ┌1拍目
    ┌2拍目
  ↓ ↓
  1 2   1 2        1 2   1 2
  いち  にー（×に） さん  しー（×し）

  1 2   1 2        1 2   1 2   1 2   1 2
  げつ  かー（×か） すい  もく  きん  どー（×ど）
```

　ドイツ語は強勢のある音節と次の強勢のある音節の間隔をほぼ等しくすることでリズムを形成する「強勢拍リズム」の言語です。強勢間の長さを一定にするため，間にある音節数が多ければ速めに発音し，少なければ比較的ゆっくりと発音するというように，強勢間の長さを調整する傾向にあります。次の例のようにHeu(te)とbes(te)の強勢間の音節数の方がbes(te)とZeitの間よりも多いので，その分早く発音します。

　　　Heute ist die **bes** t e **Zei**t.　　今日が最も適したときだ。
　　　|　　等間隔　　|等間隔|

　このように強勢間にいくつ音節があっても強勢間はなるべく一定の長さにして発音するため，間にある音節は省略されたり音質を変えたりします（S.99参照）。これは強勢拍リズム言語の特徴でもあり，日本語にはない現象です。

　　　Heute ist die **bes** t e **Zei**t.

文字通りの発音：[hɔɪtə ist diː bɛstə tsaɪt]
省略されて：[hɔɪtˀɪs d̥i bɛstə tsaɪtˀ]

発音記号一覧表

◆ 母 音 ◆

文字		長母音	文字		短母音
a aa ah	[aː]	B<u>a</u>d [báːt] 風呂 <u>Aa</u>l [áːl] うなぎ B<u>ah</u>n [báːn] 電車	a	[a]	<u>a</u>lt [ált] 古い
i ie ih ieh	[iː]	K<u>i</u>no [kíːno] 映画館 s<u>ie</u> [zíː] 彼女(ら)は·を、彼らは·を <u>ih</u>n [íːn] 彼を z<u>ieh</u>en [tsíːən] 引く	i ie	[ɪ]	B<u>i</u>ld [bɪ́lt] 絵 v<u>ie</u>rzehn [fɪ́ʁtseːn] 14
u uh	[uː]	g<u>u</u>t [gúːt] 良い Sch<u>uh</u> [ʃúː] 靴	u	[ʊ]	L<u>u</u>ft [lʊ́ft] 空気
o oo oh	[oː]	sch<u>o</u>n [ʃóːn] すでに B<u>oo</u>t [bóːt] ボート S<u>oh</u>n [zóːn] 息子	o	[ɔ]	S<u>o</u>nne [zɔ́nə] 太陽
e ee eh	[eː]	L<u>e</u>ben [léːb(ə)n] 生活 S<u>ee</u> [zéː] 湖、海 s<u>eh</u>en [zéːən] 見る	e	[ɛ] [ə]	W<u>e</u>lt [vɛ́lt] 世界 Eh<u>e</u> [éːə] 夫婦
ä äh	[ɛː]	B<u>ä</u>r [béːɐ̯] クマ w<u>äh</u>len [véːlən] 選ぶ	ä	[ɛ]	k<u>ä</u>mmen [kɛ́mən] 髪をとかす
ö öh	[øː]	Fl<u>ö</u>te [fløːtə] フルート S<u>öh</u>ne [zǿːnə] 息子(pl.)	ö	[œ]	k<u>ö</u>nnen [kœ́nən] 出来る
ü üh y	[yː]	<u>ü</u>ben [ýːb(ə)n] 練習する B<u>üh</u>ne [býːnə] 舞台 T<u>y</u>p [týːp] タイプ	ü y	[ʏ]	m<u>ü</u>ssen [mʏ́s(ə)n] …ねばならない Y<u>p</u>silon [ýpsilɔn] Y
			-r -er	[ɐ̯] [ɐ]	B<u>ie</u>r [bíːɐ̯] ビール Butt<u>er</u> [bútɐ] バター

二重母音

ei, ai, ey, ay	[aɪ̯]	W<u>ei</u>n [váɪ̯n] ワイン　M<u>ai</u> [máɪ̯] 5月　M<u>ey</u>er [máɪ̯ɐ] マイヤー(名前) B<u>ay</u>ern [báɪ̯ɐn] バイエルン
au	[aʊ̯]	B<u>au</u>m [báʊ̯m] 木　H<u>au</u>s [háʊ̯s] 家
eu, äu	[ɔɪ̯]	h<u>eu</u>te [hɔ́ɪ̯tə] 今日　K<u>äu</u>fer [kɔ́ɪ̯fɐ] 買い手

◆ 子音（無声子音・有声子音）◆

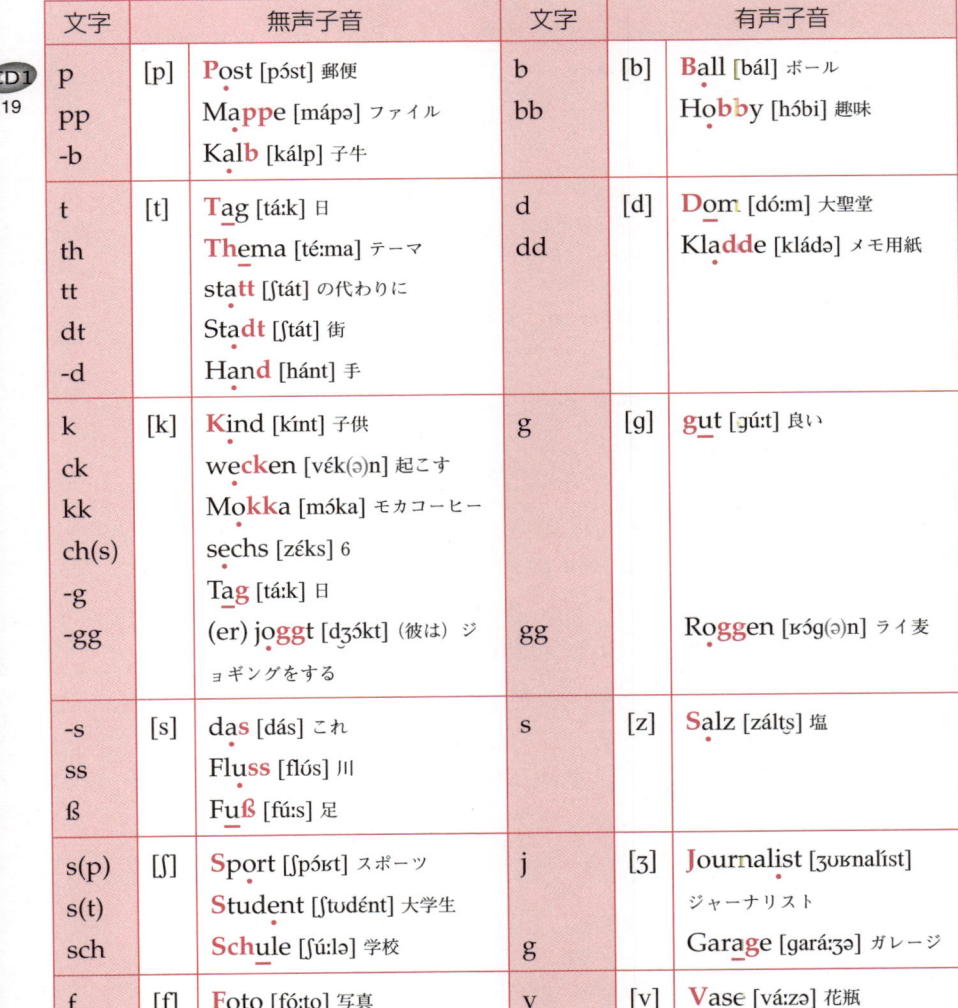

文字		無声子音	文字		有声子音
p pp -b	[p]	Post [póst] 郵便 Mappe [mápə] ファイル Kalb [kálp] 子牛	b bb	[b]	Ball [bál] ボール Hobby [hóbi] 趣味
t th tt dt -d	[t]	Tag [tá:k] 日 Thema [té:ma] テーマ statt [ʃtát] の代わりに Stadt [ʃtát] 街 Hand [hánt] 手	d dd	[d]	Dom [dó:m] 大聖堂 Kladde [kládə] メモ用紙
k ck kk ch(s) -g -gg	[k]	Kind [kínt] 子供 wecken [vék(ə)n] 起こす Mokka [móka] モカコーヒー sechs [zéks] 6 Tag [tá:k] 日 (er) joggt [dʒɔ́kt]（彼は）ジョギングをする	g gg	[g]	gut [ɡú:t] 良い Roggen [ʁɔ́g(ə)n] ライ麦
-s ss ß	[s]	das [dás] これ Fluss [flús] 川 Fuß [fú:s] 足	s	[z]	Salz [zálts] 塩
s(p) s(t) sch	[ʃ]	Sport [ʃpɔ́ʁt] スポーツ Student [ʃtʊdént] 大学生 Schule [ʃú:lə] 学校	j g	[ʒ]	Journalist [ʒʊʁnalíst] ジャーナリスト Garage [ɡará:ʒə] ガレージ
f ff v ph -v	[f]	Foto [fó:to] 写真 Affe [áfə] さる Vater [fá:tɐ] 父 Philosophie [filozofí:] 哲学 aktiv [aktí:f] 活動的な	v w (q)u	[v]	Vase [vá:zə] 花瓶 Wagen [vá:g(ə)n] 車 Qualität [kvalitέ:t] 品質

◆ その他の子音の読み方 ◆

c	[k]	Camping [kémpɪŋ] キャンプ生活
ch	[ç]	Milch [mílç] 牛乳　ich [íç] 私　echt [ɛ́çt] 本当に
	[x]	Nacht [náxt] 夜　hoch [hóːx] 高い　Buch [búːx]　auch [áʊx] …もまた
	[k]	Christ [kʁíst] キリスト
	[ʃ]	Charme [ʃáʁm] 魅力
	[tʃ]	Coach [kóːtʃ] コーチ
-(i)g	[(ɪ)ç]	wenig [véːnɪç] 少ない　ruhig [ʁúːɪç] 静かな
x chs ks -gs	[ks]	Text [tékst] テキスト　Taxi [táksi] タクシー sechs [zéks] 6　Fuchs [fúks] きつね links [línks] 左の (du) sagst [zaːkst]（君は）言う
m mm	[m]	Mann [mán] 男 immer [íme] いつも
n nn	[n]	Name [náːmə] 名前 nennen [nénən] 名づける
ng n(k)	[ŋ]	lang [láŋ] 長い　singen [zíŋən] 歌う Bank [báŋk] 銀行, ベンチ
r rr rh	[ʁ] ([r][ʀ])	Rot [ʁóːt] 赤　Herr [héʁ] 男の人 Rhein [ʁáɪn] ライン（川）
l ll	[l]	Land [lánt] 国, 州, 地方 hell [hél] 明るい
j	[j]	ja [jáː] はい　Japan [jáːpan] 日本
h	[h]	Hut [húːt] 帽子
pf	[pf]	Pferd [pféʁt] 馬
z zz ds ts tz t(ion)	[ts]	Zeit [tsáɪt] 時間 Pizza [pɪtsa] ピザ abends [áːbənts] 夕方に nachts [náxts] 夜に jetzt [jétst] 今 Lektion [lɛktsióːn] 課
tsch	[tʃ]	Deutsch [dɔ́ytʃ] ドイツ語　tschüss [tʃýs] バイバイ
qu	[kv]	Qualität [kvalitéːt] 品質

母 音

Vokale

ドイツ語の母音は，肺からの息（呼気）が
① 声帯の振動を伴って発せられ（有声音），
② 声道で閉鎖されたり狭められたりせずに
口から流れ出る音です。

[a],[i] などそれぞれの母音を区別するには，舌を上下・前後させて口の中の形状を変えます。
ドイツ語の母音は，日本語とは違い唇を丸めて発音されるものも多くあり，ドイツ語の母音は日本語の母音より数が多く，その分細かく区分されています。

Lektion 1

[aː] [a] 日本語の「ア」よりも口を大きく開ける！

Aal [áːl]
ウナギ

all [ál]
すべての

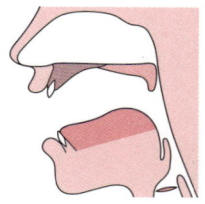
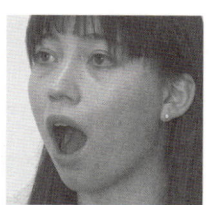

> **ポイント**
>
> 　ドイツ語の [a] は，日本語の「ア」よりも口を大きく開けて発音します。舌を下げて口を縦に2倍ほど開けるようなイメージで発音しましょう。
>
> 　„a" には長母音 [aː] と短母音 [a] がありますが，その違いは長さだけで，音質は同じです。長短の区別は，続く子音の数や (Na**m**e [náːmə], Ha**n**d [hánt])，同じ母音が連続する場合 (Aal [áːl])，h が続く場合 (i**h**n [íːn]) で決まります (S.21参照)。
>
> 　アクセントのある母音を発音する際には，ほんの少し力を入れましょう。日本語のアクセントは「高低アクセント」ですが，ドイツ語のアクセントは「強弱アクセント」ですので強さを意識して発音しましょう（S.20参照）。

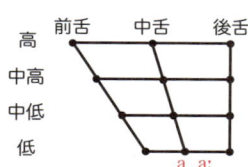

>>>>>>> ステップ 1

次の a 音は長母音ですか，それとも短母音ですか？
聞いてどちらかに ✓ を入れましょう。続いて発音しましょう。

	長母音	短母音			
1.	☐	☐	**a**lt	古い，年をとった	a+子音2こ
2.	☐	☐	**A**tem	息	a+子音1こ
3.	☐	☐	H**a**hn	雄鶏	a+h
4.	☐	☐	G**a**st	客	a+子音2こ
5.	☐	☐	S**a**al	大広間	a+a

28

ステップ2 CD1 23

1 [aː]-[a] を含む単語を発音しましょう。

1. ☐ **A**a**l** [áːl]　　ウナギ　　☐ **a**ll [ál]　　　すべての
2. ☐ **B**a**h**n [báːn]　電車　　☐ **B**a**n**k [báŋk]　銀行，ベンチ
3. ☐ **T**a**g** [táːk]　　日　　　☐ **T**a**n**k [táŋk]　タンク
4. ☐ **k**a**m** [káːm]　来た（過去形）　☐ **K**a**mm** [kám]　くし

2 質問を聞いて Ja で答えましょう。

1. Ist das ein **A**a**l**?　　　*Ja, das ist ein Aal*　　　　　　.
2. Ist das ein **K**a**mm**?　　　　　　　　　　　　　　　　.
3. Ist das **S**a**h**ne?　　　　　　　　　　　　　　　　　.
4. Ist das eine **T**a**s**che?　　　　　　　　　　　　　　　.
5. Ist das ein **B**a**ll**?　　　　　　　　　　　　　　　　.

3 （ ）のうちどちらかの単語が流れます。どちらかを聞き取り，しるしをつけましょう。続いて発音しましょう。

1. Ist das eine (**B**a**h**n / **B**a**n**k)?
   − Nein, das ist keine (**B**a**h**n / **B**a**n**k), sondern eine (**B**a**h**n / **B**a**n**k).
2. Ist das ein (**W**a**l** / **W**a**ll**)?
   − Nein, das ist kein (**W**a**l** / **W**a**ll**), sondern ein (**W**a**l** / **W**a**ll**).
3. Ist das Zimmer (**k**a**h**l / **k**a**l**t)?
   − Ja, das Zimmer ist sehr (**k**a**h**l / **k**a**l**t).

ステップ3　次の文の (a)〜(c) の部分を聞き取り，正しいものを選びましょう。その後，発音しましょう。

パーティで出会って

CD1 24

○ Guten **T**a**g**! Mein **N**a**m**e ist **A**xel Dahlmann.
☐ Guten **T**a**g**! Mein **N**a**m**e ist **H**a**h**n, **H**a**nn**a **H**a**h**n. (a) Sie schon la**n**ge hier?
○ **J**a, schon **a**cht Jahre. Ich bin (b) bei der **A**xa Bank.
☐ Ich bin (c). Ich **a**rbeite bei der **A**nke AG.

(a)　1. **A**rbeiten　　2. Studieren　　3. **W**arten
(b)　1. **A**rbeiter　　2. **A**ngestellter　　3. **A**rbeitnehmer
(c)　1. Fachkraft　　2. **B**ankkauffrau　　3. Fotogra**f**in

Lektion 2
[iː] [ɪ]

唇を横に引っ張り，笑顔を作る！

CD1 25

Mi**ete** [míːtə]
家賃

Mi**tte** [mítə]
中心

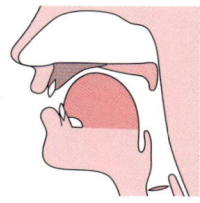  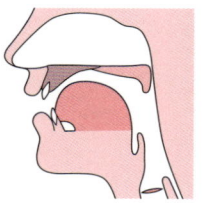 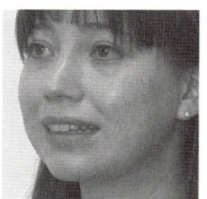

ポイント

母音の中で口の開きが一番狭いのが [i] です。ドイツ語の [i] は日本語よりも狭めて発音するので，唇を思い切り横に引っ張って笑顔を作って発音します。これ以上狭めたら別の音（[j] S.76 参照）になる手前まで狭めましょう。

長母音 [iː] よりもほんの少し，横の引っ張り具合をゆるめて発音すると短母音 [ɪ] になります。[ɪ] は短いので [i] よりも自然に舌がほんの少し下がりますが，下げすぎないように注意しましょう。

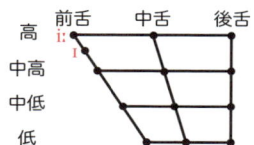

ステップ1

次の i 音は長母音 [iː] ですか，それとも短母音 [ɪ] ですか？聞いてどちらかに ✓ を入れましょう。続いて発音しましょう。

CD1 26

	長母音	短母音		
1.	☐	☐	**i**ch	私は
2.	☐	☐	**i**hm	彼に
3.	☐	☐	B**i**er*	ビール
4.	☐	☐	F**i**sch	魚
5.	☐	☐	Sk**i**	スキー

🖊 スペル

*B**i**er など ie にアクセントがある場合は [iː] と長母音になりますが，ie にアクセントがない場合は [iə] と発音します（S.16 参照）。

[iə]: As**ie**n [áːziən]　アジア　　　Ital**ie**n [itáːliən]　イタリア

ステップ 2 CD1 27

□ 1 [iː]-[ɪ] を含む単語を発音しましょう。

1. □ **Mie**te [míːtə] 家賃 □ **Mi**tte [mítə] 中心
2. □ **bie**ten [bíːt(ə)n] 提供する □ **bi**tten [bít(ə)n] 頼む
3. □ **ih**n [íːn] 彼を □ **i**n [ín] 中に
4. □ St**i**l [ʃtíːl] スタイル □ st**i**ll [ʃtíl] 静かな

□ 2 [iː]-[aː], [ɪ]-[a] を含む語を発音し，ドイツ語の口の開き具合を確かめましょう。

1. □ n**a**h [náː] 近い □ n**ie** [níː] 決して…ない
2. □ Z**a**hl [tsáːl] 数 □ Z**ie**l [tsíːl] 目的
3. □ L**i**ppen [líp(ə)n] 唇 (pl.) □ L**a**ppen [lápp(ə)n] 布切れ
4. □ K**i**nd [kínt] 子供 □ K**a**nt [kánt] カント

□ 3 [iː]-[ɪ] の発音に注意しながら質問に答えましょう。

1. Was spr**i**cht man **i**n **I**talien?   _In Italien spricht man Italienisch_ .
2. Was spr**i**cht man **i**n Bras**i**lien?   _In Brasilien spricht man Portugiesisch_ .
3. Was spr**i**cht man **i**n Spanien?   _Spanisch_ .
4. Was spr**i**cht man **i**n Ch**i**na?   _Chinesisch_ .
5. Was spr**i**cht man **i**n Amer**i**ka?   _Englisch_ .

ステップ 3

次の文の (a)〜(c) の部分を聞き取り，正しいものを選びましょう。その後，発音しましょう。

品物の交換

CD1 28

○ Entschuld**i**gen S**ie**, **i**ch habe am (a) d**ie**ses T-Sh**i**rt gekauft. Aber d**ie** (b)-Farbe gefällt m**i**r doch n**i**cht. Können S**ie** es umtauschen?

△ Haben Sie d**ie** Qu**i**ttung?

○ Ja, h**ie**r b**i**tte.

△ Danke. Dann schauen S**ie** s**i**ch um. Ich hoffe, S**ie** (c) e**t**was Neues.

(a) 1. M**i**ttwoch   2. Montag   3. M**i**ttag
(b) 1. V**i**olett   2. Rosa   3. L**i**la
(c) 1. suchen   2. f**i**nden   3. fragen

Lektion 3
[uː] [ʊ]

唇を丸くすぼめて前に突き出す！

CD1 29

Fuß [fúːs]
足

Fluss [flʊ́s]
川

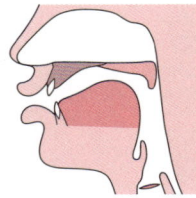 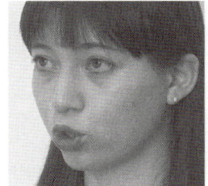 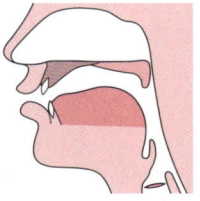 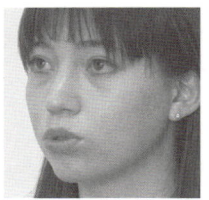

ポイント

[uː] を発音するには，唇を丸くすぼめてラッパのように前に突き出します。これ以上前に突き出せないくらい大げさに突き出しましょう。日本語の「ウ」では唇を尖らせませんが，[uː] では自分の鼻先ほど突き出します。唇を突きだすと自然に舌の根元が奥に引っこみ，口の奥の空間が広がります。

長母音 [uː] よりも唇を少しゆるめると，舌が自然に少し下がり，短母音 [ʊ] になります。どちらかというと短母音 [ʊ] は日本語の「ウ」に近い音です。

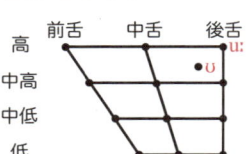

ステップ 1

次の **u** 音は長母音 [uː] ですか，それとも短母音 [ʊ] ですか？聞いてどちらかに✓を入れましょう。続いて発音しましょう。

CD1 30

	長母音	短母音		
1.	☐	☐	**u**nd	そして
2.	☐	☐	**U**-Bahn	地下鉄
3.	☐	☐	g**u**t	良い
4.	☐	☐	K**u**h	牛
5.	☐	☐	M**u**nd	口

ステップ2 CD1 31

1 [uː]-[ʊ]を含む単語を発音しましょう。

1. ☐ F**u**ß [fúːs]　足　　☐ Fl**u**ss [flús]　川
2. ☐ M**u**t [múːt]　勇気　☐ M**u**tter [mútɐ]　母
3. ☐ H**uh**n [húːn]　鶏　　☐ H**u**nd [húnt]　犬
4. ☐ **U**hr [úːɐ]　時計, 時　☐ f**u**hr [fúːɐ]　乗った
5. ☐ **u**nter [úntɐ]　下に　☐ b**u**nter [búntɐ]　カラフルな

2 [iː]-[uː], [ɪ]-[ʊ]を含む単語を発音しましょう。

1. ☐ d**ie** [díː]　それ　　☐ d**u** [dúː]　君は
2. ☐ T**ie**r [tíːɐ]　動物　☐ T**ou**r* [túːɐ]　ツアー

　　　　　　　　　　　　　　*外来語ではouを[uː]と発音します。

3. ☐ **i**m [ím]　…の中に　☐ **u**m [úm]　…の周りに
4. ☐ b**i**s [bís]　…まで　☐ B**u**s [bús]　バス

3 下線部　　の品物の感想を言いましょう。

1. Wie findest d**u** den P**u**llover?　　*Den Pullover finde ich schick.*
2. Wie findest d**u** die Bl**u**se?　　　　*finde ich zu bunt.*
3. Wie findest d**u** das B**u**ch?　　　　*finde ich gut.*
4. Wie findest d**u** den Schm**u**ck?　　*super.*

ステップ3

次の文の(a)〜(c)の部分を聞き取り, 正しいものを選びましょう。その後, 発音しましょう。

売り場でのアナウンス

Liebe (a)! Heute haben wir Sonderangebote für Sie: P**u**llover - n**u**r 10 Euro, **u**nd (b) für n**u**r 7 Euro! Kommen Sie z**u** **u**ns in den ersten Stock und schauen Sie sich in aller (c) **u**m. Wir freuen **u**ns auf Ihren Bes**u**ch.

(a)　1. Bes**u**cher　　2. K**u**nden　　3. Freunde
(b)　1. Bl**u**sen　　　2. Jacken　　　3. Jeans
(c)　1. Welt　　　　2. Stille　　　　3. R**u**he

CD1 32

Lektion 4
[oː] [ɔ]

口の中で丸いボールを作る！

CD1 33

Ofen [óːf(ə)n]
オーブン

offen [ɔ́f(ə)n]
開いている

ポイント

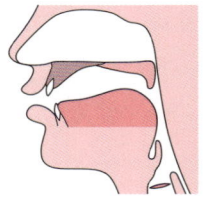

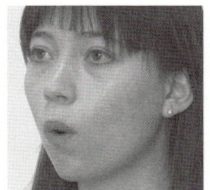

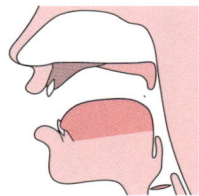

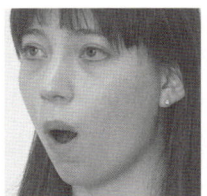

oには長母音[oː]と短母音[ɔ]があります。両方のoの音質は違います。[oː]を発音するには，唇を丸くし，舌の付け根を奥に引いて口の中にちょうどゴルフボールほどの丸い空間を作り，「オー」といいます。唇は日本語の「オ」よりも丸めます。

[ɔ]は[oː]よりも唇の丸めを少し緩めて発音し，舌をほんの少し下げます。

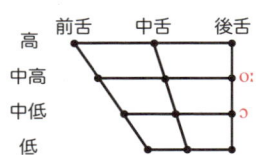

ステップ 1

次のo音は長母音[oː]ですか，それとも短母音[ɔ]ですか？
聞いてどちらかに✓を入れましょう。続いて発音しましょう。

CD1 34

	長母音	短母音		
1.	□	□	Ost	東
2.	□	□	Oper	オペラ
3.	□	□	Lohn	賃金
4.	□	□	Topf	鍋
5.	□	□	Boot	ボート

ステップ 2 CD1 35

1 [oː]-[ɔ] を含む単語を発音しましょう。

1. ☐ **O**fen [óːf(ə)n]　オーブン　☐ **o**ffen [ɔ́f(ə)n]　開いている
2. ☐ H**o**f [hóːf]　中庭　☐ h**o**ffen [hɔ́f(ə)n]　望む
3. ☐ S**o**hn [zóːn]　息子　☐ S**o**nne [zɔ́nə]　太陽
4. ☐ **O**stern [óːstɐn]　イースター　☐ **O**sten [ɔ́st(ə)n]　東

2 [o, oː]-[u, uː] を比べながら発音しましょう。

1. ☐ T**o**n [tóːn]　音色　☐ t**u**n [túːn]　する，行う
2. ☐ **O**hr [óːɐ̯]　耳　☐ **U**hr [úːɐ̯]　時計
3. ☐ Schl**o**ss [ʃlɔ́s]　城　☐ Schl**u**ss [ʃlús]　終り
4. ☐ B**o**ss [bɔ́s]　ボス　☐ B**u**s [bús]　バス

3 値段を聞いて，品物を下線部＿＿の1キロ・1缶・1人分を買いましょう。

1. Ein Kilo T**o**maten k**o**stet 2 Euro.　　_Ein Kilo bitte_　　.
2. Eine C**o**la k**o**stet 1,50 Euro.　　_Eine_　　.
3. Eine D**o**se **O**rangensaft k**o**stet 1,50 Euro.　　_____.
4. Eine P**o**rti**o**n Eis k**o**stet 2,50 Euro.　　_____.
5. Ein Kil**o** Kart**o**ffeln k**o**stet 2 Euro.　　_____.

ステップ 3　次の文の(a)〜(c)の部分を聞き取り，正しいものを選びましょう。その後，発音しましょう。

電車の中で

○ Guten (a) **O**liver, lange nicht gesehen. K**o**mmst du aus B**o**nn?
☐ Hallo, L**o**tte! Ja, ich k**o**mme aus B**o**nn und fahre nach K**o**blenz. W**o** w**o**hnst du denn jetzt, L**o**tte?
○ Ich w**o**hne bei meiner (b) in B**o**nn. Besuch mich d**o**ch mal!
☐ Ja, gerne, wie wär's denn, wenn wir uns am (c) treffen?

(a)　1. Abend　2. M**o**rgen　3. Tag
(b)　1. **O**pa　2. **O**nkel　3. **O**ma
(c)　1. S**o**nntag　2. M**o**ntag　3. D**o**nnerstag

Lektion 5
[eː] [ɛ]

「エ」より長音では閉じ加減，短音では開き加減！

CD1 37

Beet [béːt]
花壇

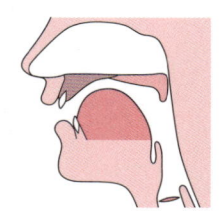

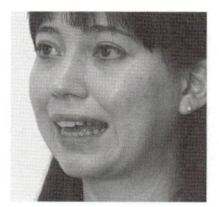

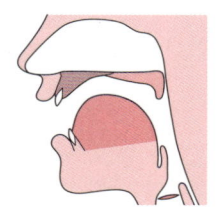

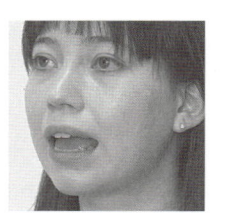

Bett [bɛ́t]
ベット

ポイント

厳密にいうと日本語の「エ」の音はドイツ語にありません。ドイツ語の [eː] と [ɛ] のちょうど中間のところが日本語の「エ」です。日本語の「エ」の舌の位置を確認し，そこからほんの少し舌を上げて [eː] を，少し舌を下げて [ɛ] を練習して下さい。[eː] は日本語の「エ」よりも舌を上げて唇の端を引っ張って発音しますので，日本人の耳には [i] に近いように聞こえる場合もあります。

もう一つの練習法は，口を一番大きく開けた [a] から [i] に向かって 3 分の 2 ほど閉じたところ，つまり [i] からはちょうど 3 分の 1 ほど舌を下げたところで [eː] にすることです。[a] から [i] に向かって 3 分の 1 ほど閉じた（[i] からは 3 分の 2 ほど舌を下げた）ところが [ɛ] です。

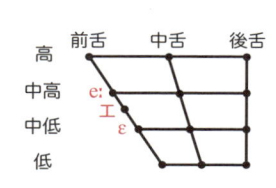

ステップ 1

次の e 音は長母音 [eː] ですか，それとも短母音 [ɛ] ですか？
聞いてどちらかに ✓ を入れましょう。続いて発音しましょう。

CD1 38

	長母音	短母音		
1.	☐	☐	**E**ssen	食事
2.	☐	☐	**E**he	夫婦
3.	☐	☐	l**e**ben	生きる
4.	☐	☐	B**e**tt	ベット
5.	☐	☐	T**ee**	お茶

36

ステップ 2 CD1 39

1 [eː]-[ɛ] を含む単語を発音しましょう。

1. ☐ b**e**tten [bét(ə)n]　寝かせる　　☐ b**e**ten [béːt(ə)n]　祈る
2. ☐ d**e**n [déːn]　（定冠詞）それを　☐ d**e**nn [dén]　というのも
3. ☐ l**e**gen [léːg(ə)n]　横たえる　　☐ l**e**cken [lék(ə)n]　なめる
4. ☐ W**e**g [véːk]　道　　　　　　　☐ w**e**g [vék]　離れて

✎ スペル

[ɛ] は ä とも書きます。ä は、短母音でも長母音でも [ɛ][ɛː] 音です：
[ɛ] B**ä**cker [békɐ]　パン屋　　　[ɛː] K**ä**se [kɛːzə]　チーズ

2 a[a]-ä[ɛ] を含む単語を練習しましょう。

1. ☐ Ich schl**a**fe [ʃláːfə].　私は寝る。　☐ Du schl**ä**fst [ʃlέːfst].　君は寝る。
2. ☐ Wir tr**a**gen [tʁáːg(ə)n] das Gepäck.　☐ Er tr**ä**gt [tʁέːkt] das Gepäck.
   　私たちは荷物を運ぶ。　　　　　　　　　彼は荷物を運ぶ。
3. ☐ Sie f**a**hren [fáːʁən] mit.　　　　　☐ Sie f**ä**hrt [fέːʁt] mit.
   　彼らは一緒に乗る。　　　　　　　　　　彼女は一緒に乗る。

3 (　) のうちどちらかの単語を聞き取りましょう。続いて発音しましょう。

A: Haben Sie eben (g**e**ben / g**ä**ben) gesagt, oder (g**e**ben / g**ä**ben)?
B: Ich habe (g**e**ben / g**ä**ben) gesagt, und nicht (g**e**ben / g**ä**ben).
A: Ich dachte, Sie haben (g**e**ben / g**ä**ben) gesagt, und nicht (g**e**ben / g**ä**ben).

1. s**e**hen / s**ä**hen　　2. l**e**sen / l**ä**sen
3. B**ee**ren / B**ä**ren　　4. d**e**hnen / D**ä**nen

ステップ 3

次の文の (　) の部分を聞き取り、ことわざを完成させましょう。その後、発音しましょう。

G**e**ben ist s**e**liger denn (　　　).　与える方が受け取るより幸いである。

1. b**e**ten　　2. **e**rhalten　　3. n**e**hmen

Lektion 6
[ə]

口を半開きにする！

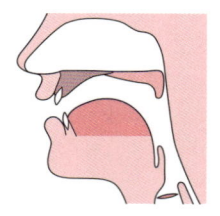

CD1 41

CD1 42

bitte [bítə]
どうぞ

ポイント

ドイツ語には [e] や [ɛ] 以外にも「エ」の音があります。それは「シュワー音」もしくは「あいまい母音」と呼ばれる [ə] です。口全体の力を抜き，口を半開きにして唇も丸めずに軽く「エ」と発音するとこの音になります。ちょうど舌が真中にあり，上でも前でもない，いわば「あいまいな」位置にある母音なのでこう呼ばれます。

[ə] にはアクセントはありません。非分離前綴りの be-, ge- や，動詞や形容詞の語尾 -en, -em, -el などの e がこれに当たります。語尾のシュワー音は，会話ではしばしば省略されます（S.19, 102 参照）。

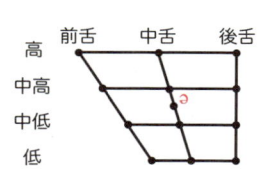

前舌　中舌　後舌
高
中高
中低　　　　ə
低

① [ə] を含む単語を発音しましょう。

- ☐ bitte [bítə]　　どうぞ
- ☐ Tasse [tásə]　　カップ
- ☐ bekannt [bəkánt]　知られた
- ☐ gefallen [gəfálən]　気に入る

② 単数形と複数形，名詞と動詞などで [ə] の発音練習をしましょう。

単数形：複数形
- ☐ Schuh [ʃúː] 靴 – Schuhe [ʃúːə] 靴 (pl.)
- ☐ Hund [húnt] 犬 – Hunde [húndə] 犬 (pl.)
- ☐ Tisch [tíʃ] 机 – Tische [tíʃə] 机 (pl.)

名詞：動詞
- ☐ See [zéː] 湖，海 – (ich) sehe [zéːə] （私は）見る

命令形：
- ☐ Geh! [géː] 行け！ – (ich) gehe [géːə] （私は）行く

人称変化形
- ☐ Komm! [kɔ́m] 来い！ – (ich) komme [kɔ́mə] （私は）来る

Lektion 7
[ɐ]

軽い「あ」！

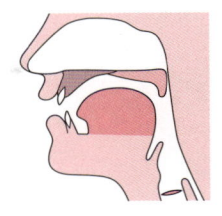

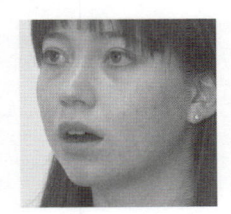

Bier [bíːɐ̯]
ビール

ポイント

語末や音節末にある r，er は，軽い「ア」の音です。大きく口を開けて発音する [a] よりも少しだけ口を閉じればこの音になります。シュワー音 [ə] を発音するときのように舌を中央に置き，[ə] よりも [a] に向かって少し口を広げます。

語末・音節末が r に終わり，r を含む音節にアクセントがあれば短い [ɐ̯] と発音します：Bär [bέːɐ̯]。

語末・音節末が er に終わり，er にアクセントがない音節であれば，[ɐ̯] よりも長めの [ɐ] と発音します：Vater [fáːtɐ] （S.17 参照）。

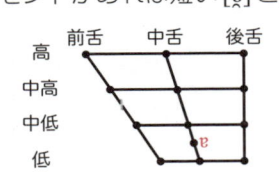

1. [ɐ̯]-[ɐ] を含む単語を発音しましょう。

[ɐ̯]
- ☐ Bier [bíːɐ̯] ビール
- ☐ erlassen* [ɛɐ̯lás(ə)n] 公布する
- ☐ sehr [zéːɐ̯] とても
- ☐ verlassen* [fɛɐ̯lás(ə)n] 去る

[ɐ]
- ☐ Dauer [dáʊɐ] 長さ
- ☐ Lehrer [léːʁɐ] 教師
- ☐ Mauer [máʊɐ] 壁
- ☐ Fieber [fíːbɐ] 熱

*非分離前つづり er-, ver-, zer- の r は [ɐ̯] です。

2. 語尾 [ə] と -er [ɐ] の練習をしましょう。

1. ☐ Bitte [bítə] 頼み ☐ bitter [bítɐ] 苦い
2. ☐ Messe [mésə] 見本市 ☐ Messer [mésɐ] ナイフ
3. ☐ kleine [kláɪnə] 小さな ☐ kleiner [kláɪnɐ] より小さな
4. ☐ blaue [bláʊə] 青い ☐ blauer [bláʊɐ] より青い

Lektion 8
[øː] [œ]

[eː] [ɛ] と言いながら唇を丸める！

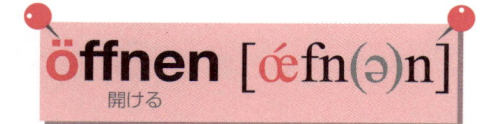

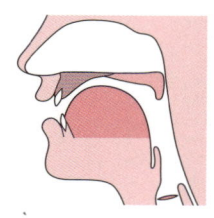

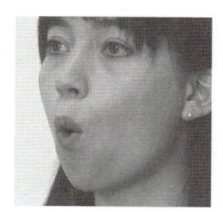

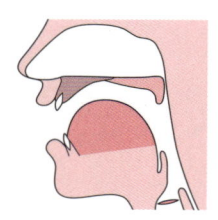

Öfen [ǿːf(ə)n]
オーブン（複数）

öffnen [ǿfn(ə)n]
開ける

ポイント

öには長母音 [øː] と短母音 [œ] があります。長母音 [øː] を発音するには，まず [eː] と言いながら，舌はそのままの位置に保ち，口をだんだん丸くすぼめていき，ちょうど唇が [o] の形になるようにします。[eː] は，日本語の「エ」にならないようにし，日本語よりも舌を少し上げて発音しましょう。

短母音の [œ] は，長母音 [øː] よりも少し唇をゆるめて発音します。まずは [ɛ] と言いながら唇を [ɔ] のように丸めていき，最後に [œ] にしましょう。

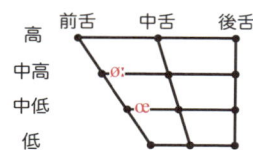

前舌　中舌　後舌
高
中高　　øː
中低　　œ
低

ステップ 1

次の ö 音は長母音 [øː] ですか，それとも短母音 [œ] ですか？聞いてどちらかに ✓ を入れましょう。続いて発音しましょう。

	長母音	短母音		
1.	☐	☐	**Öl**	油, オイル
2.	☐	☐	**Löffel**	スプーン
3.	☐	☐	**schön**	すてきな
4.	☐	☐	**Söhne**	息子 (pl.)
5.	☐	☐	**Köln**	ケルン（都市名）

外来語では „eu" と書いて [øː] と読みます：

☐ **Ingenieur** [ɪnʒeniǿːɐ̯]　エンジニア
☐ **Friseur** [frizǿːɐ̯]　美容師

ステップ 2 CD1 47

1 [oː]-[øː]、[ɔ]-[œ] を含む単語を発音しましょう。

1. ☐ Ofen [óːf(ə)n]   オーブン   ☐ Öfen [øːf(ə)n]   オーブン (pl.)
2. ☐ schon [ʃóːn]   すでに   ☐ schön [ʃǿːn]   きれいな
3. ☐ Tochter [tɔ́xtɐ] 娘   ☐ Töchter [tœ́çtɐ]   娘 (pl.)
4. ☐ Wolf [vɔ́lf]   オオカミ   ☐ Wölfe [vœ́lfə]   オオカミ (pl.)

2 [eː]-[øː]、[ɛ]-[œ] を含む単語を発音しましょう。

1. ☐ lesen [léːz(ə)n] 読む   ☐ lösen [løːz(ə)n] 解く
2. ☐ Sehne [zéːnə]   腱   ☐ Söhne [zǿːnə]   息子 (pl.)
3. ☐ kennen [kɛ́nən]   知る   ☐ können [kœ́nən]   …が出来る
4. ☐ fällig [fɛ́lɪç]   満期の   ☐ völlig [fœ́lɪç]   完全な

3 ( ) のうちどちらかの単語を聞き取りましょう。続いて発音しましょう。

A: Guten Tag. Wie heißen Sie?
B: Ich heiße (Möhn / Mohn).
A: Ah, Sie sind (Herr Möhn / Mohn). Übrigens, ich heiße (Mohn / Möhn).
B: Oh, guten Tag, (Herr Mohn / Möhn).

  1. Herr Bohne / Herr Böhne   2. Frau Flöhn / Frau Flohn
  3. Herr Nösse / Herr Nosse   4. Frau Spolle / Herr Spölle

ステップ 3

次の文の (a)〜(c) の部分を聞き取り、正しいものを選びましょう。その後、発音しましょう。

キッチンで

CD1 48

○ Heute kochen wir Königsberger Klopse mit Knödel.
☐ Wie viele Knödel kochen wir? (a)?
○ Nein, acht sind genug. Wir brauchen aber zwei (b). Ich backe für den Nachtisch einen (c).
☐ Schön, es könnte öfter Kuchen geben!

  (a)   1. Elf   2. Zwei   3. Zwölf
  (b)   1. Töpfe   2. Teller   3. Köpfe
  (c)   1. Obstkuchen   2. Möhrenkuchen   3. Mohnkuchen

Lektion 9

[yː] [ʏ]   [iː] [ɪ] と言いながら唇を思いきり突き出す！

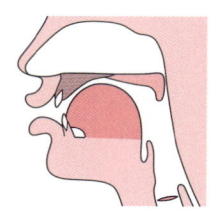

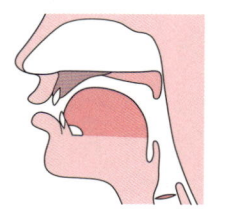

Hüte [hýːtə]
帽子（Hutのpl.）

Hütte [hýtə]
小屋

ポイント

üにも長母音 [yː] と短母音 [ʏ] があります。[yː] を発音するには，まず [iː] と長くのばして発音し，舌の位置はそのままにしておいて唇の形が [uː] になるように丸めて突き出します。日本語の「ユー」で代用しないようにしましょう。（日本語の「ユー」は [juː] と [j] が頭に入ります。）[u] よりも舌の位置を前の方の [i] の位置まで持ってきて [yː] を発音することも出来ます。

短母音の [ʏ] は，[yː] よりも唇の緊張を少し解いて，開き加減に発音しますが，唇は日本語の「ウ」よりも突き出ています。発音練習では [ɪ] から始め，[ʊ] になるまで唇を突き出します。

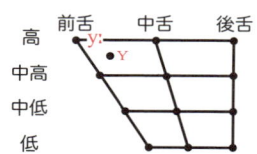

前舌　中舌　後舌
高
中高
中低
低

ステップ 1

次の ü 音は長母音 [yː] ですか，それとも短母音 [ʏ] ですか。聞いてどちらかに ✓ を入れましょう。続いて発音しましょう。

	長母音	短母音		
1.	☐	☐	**Ü**bung	練習
2.	☐	☐	**ü**ber	の上に
3.	☐	☐	K**ü**che	キッチン
4.	☐	☐	s**ü**ß	甘い
5.	☐	☐	M**ü**ll	ゴミ

スペル

„y" は ü と同じ音です。同じく長母音 [yː] と短母音 [ʏ] があります。

☐ T**y**p [týːp]　タイプ　　☐ **Y**psilon [ýpsilɔn]　Y

ステップ 2 CD1 52

1 [uː]-[yː], [ʊ]-[ʏ] を含む単語を発音しましょう。

1. ☐ Br**u**der [brúːdɐ]　兄弟　☐ Br**ü**der [brýːdɐ]　兄弟（pl.）
2. ☐ K**u**h [kúː]　牛　☐ k**ü**hl [kýːl]　冷たい
3. ☐ dr**u**cken [dʁʊ́k(ə)n]　印刷する　☐ dr**ü**cken [dʁʏ́k(ə)n]　押す
4. ☐ j**u**nger [jʊ́ŋɐ]　若い　☐ j**ü**nger [jʏ́ŋɐ]　若い（比較級）

2 [iː]-[yː], [ɪ]-[ʏ] を含む単語を発音しましょう。

1. ☐ T**ie**r [tíːɐ̯]　動物　☐ T**ü**r [týːɐ̯]　ドア
2. ☐ B**ie**ne [bíːnə]　ハチ　☐ B**ü**hne [býːnə]　舞台
3. ☐ sp**ie**len [ʃpíːlən]　遊ぶ　☐ sp**ü**len [ʃpýːlən]　洗う
4. ☐ m**i**ssen [mí(ː)s(ə)n]　欠く　☐ m**ü**ssen [mýs(ə)n]　…しなければならない
5. ☐ K**i**ssen [kí(ː)s(ə)n]　枕　☐ k**ü**ssen [kýs(ə)n]　キスする

3 下線部＿＿＿を比較級にして答えましょう。

1. Die Katze ist j**u**ng, 8 Wochen alt. – Diese Katze ist noch ＿＿＿＿.
2. Die weiße Maus ist kl**u**g. – Die schwarze ist viel ＿＿＿＿.
3. Das Essen ist sehr ges**u**nd. – Das Essen hier ist noch ＿＿＿＿.
4. Sieh mal, die Hose ist k**u**rz. – Diese Hose ist viel ＿＿＿＿.

ステップ 3

次の文の (a)〜(c) の部分を聞き取り、正しいものを選びましょう。その後、発音しましょう。

朝食に食べるもの

CD1 53

○ Was isst du zum Fr**ü**hst**ü**ck?
☐ Ich esse fr**ü**h morgens meistens ein M**ü**sli mit (a). Dazu esse ich ein R**ü**hrei und trinke eine (b) Milch.
○ Ich esse immer zwei Brötchen mit Butter und (c), und ein St**ü**ck Kuchen. Denn ich esse gern etwas Süßes zum Fr**ü**hst**ü**ck.
☐ Wenn es noch sehr fr**ü**h ist, bin ich so m**ü**de, dass ich morgens gar nichts esse.

(a)　1. Obst　　2. Fr**ü**chten　　3. Beeren
(b)　1. T**ü**te　　2. Liter　　3. Glas
(c)　1. Marmelade　2. Käse　　3. Konfit**ü**re

Lektion 10
[aɪ]

「アィ」という！

二重母音：2つ母音を連続して発音します。ドイツ語には3つの二重母音があります。

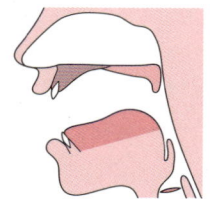

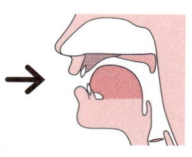

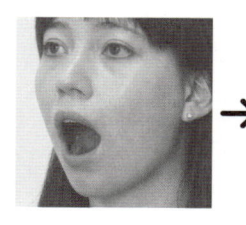

CD1 54

Eis [áɪs]
アイスクリーム，氷

ポイント

二重母音 [aɪ] では，2つの母音 [a] と [ɪ] を続けて発音します。「アイ」と2つの母音を同じ大きさに発音するのではなく，初めのアの母音に2つ目の母音を添えるように「アィ」と発音します。

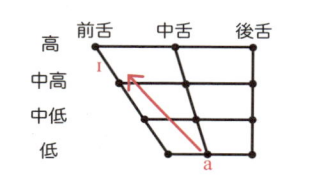

	前舌	中舌	後舌
高			
中高	ɪ		
中低			
低		a	

📝 **スペル**　[aɪ] は ai, ei と書きます。

》》》》ステップ 1　[aɪ] を含む単語を発音しましょう。

CD1 55

- ☐ **Ei**s [áɪs]　　　アイスクリーム，氷
- ☐ **ei**n [áɪn]　　　ある（一つの）(不定冠詞)
- ☐ h**ei**ß [háɪs]　　暑い・熱い
- ☐ kl**ei**n [kláɪn]　小さい
- ☐ M**ai** [máɪ]　　　5月

📝 **スペル**

数としては少ないですが，„ay"，„ey" も同じように [aɪ] と発音します。

- ☐ B**ay**ern [báɪɐn]　バイエルン
- ☐ M**ey**er [máɪɐ]　マイヤー（名前）

ステップ 2 CD1 56

1 „ei"-„ie" を含む単語を発音しましょう。

1. ☐ l**ei**der [láɪdɐ] 残念ながら   ☐ L**ie**der [líːdɐ] 歌 (pl.)
2. ☐ bl**ei**ben [bláɪb(ə)n] 留まる   ☐ bl**ie**ben [blíːb(ə)n] 留まった (bleibenの過去形)
3. ☐ W**ei**n [váɪn] ワイン   ☐ W**ie**n [víːn] ウィーン
4. ☐ Sch**ei**n [ʃáɪn] 光   ☐ Sch**ie**ne [ʃíːnə] レール

2 下線部＿＿の動詞を過去分詞にしましょう。

1. <u>Schreib</u> bitte den Brief!
   – Ich habe ihn schon ＿＿＿＿＿.
2. <u>Leihst</u> du mir das Buch?
   – Das Buch habe ich von Max ＿＿＿＿＿.
3. <u>Zeigen</u> Sie ihnen die Stadt!
   – Ich habe ihnen schon die Stadt ＿＿＿＿＿.
4. <u>Feiert</u> Thomas seinen Geburtstag?
   – Er hat ihn schon ＿＿＿＿＿.

ステップ 3   次の文の (a)〜(c) の部分を聞き取り，正しいものを選びましょう。その後，発音しましょう。

クラブの所属

CD1 57

○ Gehörst du zu **ei**nem Ver**ei**n? Es gibt so viele Ver**ei**ne in Deutschland: (a), Jugendver**ei**ne, Gesangsver**ei**ne aber auch Kl**ei**ngartenver**ei**ne und H**ei**matver**ei**ne.

☐ Ja, ich bin Mitglied in **ei**nem kl**ei**nen (b). Wir trainieren jedes Wochenende.

○ Mich interessiert der (c). Gründen wir einen H**ei**matver**ei**n? Es r**ei**chen zw**ei** Personen um **ei**nen Ver**ei**n zu gründen.

☐ Gut, dann gründen wir b**ei**de **ei**nen Ver**ei**n! Gl**ei**ch heute!

(a) 1. Autover**ei**ne   2. Sportver**ei**ne   3. Kegelver**ei**ne
(b) 1. Fußballver**ei**n   2. Handballver**ei**n   3. Volleyballver**ei**n
(c) 1. Kl**ei**ngartenverein 2. Kartenver**ei**n   3. H**ei**matver**ei**n

Lektion 11
[aʊ]

「アゥ」という！

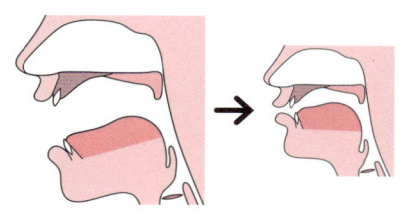

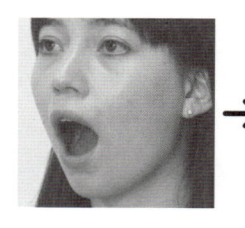

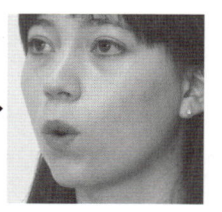

Haus [háʊs]
家

> **ポイント**
> 二重母音 [aʊ] では，初めの母音 [a] に [ʊ] を添える程度に「アゥ」というように発音します。
> 英語の読み方にして au を「オー」と読まないでください。

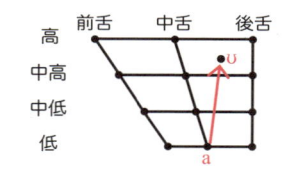

前舌　中舌　後舌
高
中高
中低
低

ステップ 1

① [aʊ] を含む単語を発音しましょう。

- ☐ **Au**to [áʊto]　自動車
- ☐ **au**s [áʊs]　…から
- ☐ H**au**s [háʊs]　家
- ☐ B**au**m [báʊm]　木
- ☐ gen**au** [gənáʊ]　正確な

② [aʊ] と [oː] を区別して発音しましょう。

- ☐ P**au**se [páʊzə]　休止
- ☐ P**o**se [póːzə]　ポーズ
- ☐ L**au**b [láʊp]　落ち葉
- ☐ L**o**b [lóːp]　称賛
- ☐ Fr**au** [fʁáʊ]　女性
- ☐ fr**oh** [fʁóː]　喜びの

ステップ2 CD1 60

① [aʊ]-[aɪ] を含む単語を発音しましょう。

1. ☐ M**au**s [máʊs]　ネズミ　　☐ M**ai**s [máɪs]　トウモロコシ
2. ☐ L**au**b [láʊp]　落ち葉　　☐ L**ei**b [láɪp]　体
3. ☐ l**au**ten [láʊt(ə)n]　…(という)内容である　　☐ l**ei**ten [láɪt(ə)n]　率いる
4. ☐ B**au** [báʊ]　建築　　☐ b**ei** [báɪ]　…のところで

② blau, grün, braun, weiß のうち一つを聞き取って下線部＿＿に入れましょう。

1. Er hat gestern viel getrunken. Er war ＿＿＿＿＿＿＿.
   彼は昨日たくさん飲んだ。彼は酔っ払った。
2. Sie lag im Sommer in der Sonne. Sie ist jetzt ＿＿＿＿＿＿＿.
   彼女は夏，日光浴をした。彼女は今，日焼けして黒い。
3. Er ist noch Lehrling. Er ist noch ＿＿＿＿＿＿＿.
   彼はまだ見習いだ。彼はまだ未熟だ。
4. Schneewittchen war ＿＿＿＿＿＿＿ wie Schnee.
   白雪姫は雪のように白かった。

ステップ3

次の文の(a)〜(c)の部分を聞き取り，正しいものを選びましょう。その後，発音しましょう。

中古車の購入

CD1 61

○ P**au**la, wir br**au**chen ein neues **Au**to. Unser **Au**to ist schon alt und macht (a) Probleme. Gehen wir heute Nachmittag **au**f eine Gebr**au**chtwagen**au**sstellung?

☐ Gute Idee, Kl**au**s! Sehen wir uns an, was es im **Au**genblick für (b) **au**f dem **Au**tomarkt gibt.

○ (c) ist meine Lieblingsfarbe und mein Tr**au**m**au**to ist ein Cabrio.

(a)　1. immer　　2. d**au**ernd　　3. durchgehend
(b)　1. Gebr**au**chtwagen　　2. Neuwagen　　3. Gebr**au**cht**au**tos
(c)　1. Gr**au**　　2. Bl**au**　　3. Br**au**n

Lektion 12
[ɔɪ]

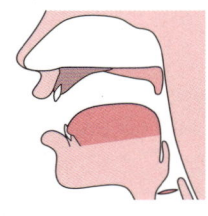

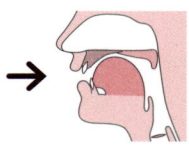

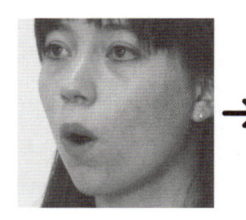

「オィ」という！

neu [nɔ́ɪ]
新しい

ポイント

二重母音 [ɔɪ] では，「オ」[ɔ] は唇を丸めて発音し，「イ」[ɪ] を「オ」に添えるように「オィ」と発音しましょう。「エウ」のようにローマ字読みしないように気をつけましょう。

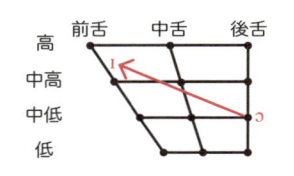

前舌　中舌　後舌
高
中高
中低
低

スペル

[ɔɪ]「オィ」は，eu, äu と書きます。

ステップ 1

次の **eu** は二重母音ですか，それとも別々に発音しますか？
聞いてどちらかに ✓ を入れましょう。続いて発音しましょう。

二重母音　別々の母音

1. ☐　☐　　**eu**ch　　　　　　君たちを／君たちに
2. ☐　☐　　Mus**eu**m　　　　博物館
3. ☐　☐　　F**eu**er　　　　　火
4. ☐　☐　　b**eu**rteilen　　　判断する
5. ☐　☐　　B**eu**tel　　　　　小袋

② つづり字を確認しながら，次の単語を発音しましょう。

eu	☐	**Leu**te [lɔ́ɪtə]	人々	☐	**heu**te [hɔ́ɪtə]	今日
	☐	**neu**n [nɔ́ɪn]	9	☐	**teu**er [tɔ́ɪɐ]	（値段が）高い
äu	☐	**Häu**ser [hɔ́ɪzɐ]	家（pl.）	☐	**Käu**fer [kɔ́ɪfɐ]	買い手
	☐	**läu**ten [lɔ́ɪt(ə)n]	（鐘が）鳴る	☐	Geb**äu**de [gəbɔ́ɪdə]	建物

ステップ2　CD1 64

① [aʊ]-[ɔɪ] を含む単語を発音しましょう。

1. ☐ B**au**m [báʊm]　　木　　　　☐ B**äu**me [bɔ́ɪmə]　木 (pl.)
2. ☐ M**au**s [máʊs]　　ねずみ　　☐ M**äu**se [mɔ́ɪzə]　ねずみ (pl.)
3. ☐ **au**ßer [áʊsɐ]　　…の他に　☐ **äu**ßerst [ɔ́ɪsɐst]　一番外側の
4. ☐ k**au**fen [káʊf(ə)n]　買う　　☐ K**äu**fer [kɔ́ɪfɐ]　買い手

② ドイツ語はどこの国で話されているでしょうか。（　）の単語を入れて答えましょう。

Wo spricht man Deutsch?

1. (in Deutschland)　　　*In Deutschland spricht man Deutsch* .
2. (in der Schweiz)　　　_____.
3. (in Österreich)　　　_____.
4. (in Liechtenstein)　　_____.
5. (in einem Teil Belgiens)　_____.

ステップ3

次の文の (a)〜(c) の部分を聞き取り，正しいものを選びましょう。その後，発音しましょう。

新しい仕事仲間の紹介

CD1 65

○ Liebe Kolleginnen und Kollegen, (a) möchte ich Ihnen unseren n**eu**en Mitarbeiter vorstellen. Das ist Herr **Eu**gen. Er hat bei der (b) gearbeitet. Wir fr**eu**en uns sehr, dass er ab h**eu**te bei uns ist.

☐ Guten Tag. Mein Name ist Peter **Eu**gen und ich komme aus (c). Ich fr**eu**e mich über den fr**eu**ndlichen Empfang und die vielen n**eu**en Kollegen.

(a)　1. h**eu**te　　　　　　2. jetzt　　　　　　3. L**eu**te
(b)　1. Firma Wehr　　　2. F**eu**erwehr　　　3. Fachhochschule
(c)　1. Nordd**eu**tschland　2. im Norden D**eu**tschlands
　　　3. Südd**eu**tschland

ドイツ語の発音について

　ドイツ語圏を旅行すると，地方によって使われている語や音が違うことに気づかされます。現在のドイツ語には標準発音（Standardaussprache）がありますが，すべてのドイツ語圏で同じ発音をしているとは限らず，実際の発音は複数中心地性（plurizentrisch）の特徴をもちます。つまりスイスやオーストリアでは，ドイツとは異なるその国で使われている標準変種（Standardvarietät）があります。さらにドイツ語圏内でも特定の地方の人たちの間で使われる方言（Dialekt）があります。このようにドイツ語圏の地域には多極的に様々な変種が存在します。テレビやラジオのニュースや番組では，ドイツとオーストリア，スイスで流れているドイツ語の発音が違いますし，ドイツ国内でもローカルな番組は，南部と北部，東部や西部などでは違うことが実感できるでしょう。

　ドイツ語は，16世紀に，ルターの聖書翻訳を通して東中部のドイツ語が文章語として定着するようになりましたが，19世紀にドイツ帝国が成立すると北ドイツを中心に規範となる統一的な発音が求められるようになりました。1898年にはドイツ語発音を体系化したTheodor Siebsの「ドイツ語の舞台発音」（Deutsche Bühnenaussprache）が出版され，演劇で明瞭な発音が使われるようになり，それがドイツ語標準発音の規範となりました。

　私たち日本人は，まずはドイツ語の標準発音（Standardaussprache）を学びましょう。ドイツ語の標準発音は，特定の地域を越えて，ドイツ語圏の全土で使用されています。ドイツの公共放送や演劇，講演，学校関係などの公的な場面では原則として拘束力を持ちます。また書き言葉に忠実であり，すべてのドイツ語圏の人々に通じるという利点があります。

Hamburg：Stern 星
[stɛʁn]（[ʃtɛʁn]）

Berlin：ganz 全部の
[jants]（[gants]）

Köln：Tisch 机
[tɪç]（[tɪʃ]）

Österreich：zwanzig 20
[tsvantsɪk]（[tsvantsɪç]）

München：Zeitung 新聞
[tsaɪdʊŋ]（[tsaɪtʊŋ]）

＊同じ発音の仕方を他の近隣地域ですることもあります。

ドイツ語発音辞典：①Duden Aussprachewörterbuch Bd.6 (2005, Max Mangold, Dudenverlag)，②Deutsches Aussprachewörterbuch (2010, Eva-Maria Krech 他, de Gruyter)，　③GWDA: Großes Wörterbuch der deutschen Aussprache (1982, Eva-Maria Krech 他, VEB Bibliographisches Institut)　④Siebs Deutsche Aussprache - Reine und gemäßigte Hochlautung mit Aussprachewörterbuch (2007, Helmut de Boor 他, Walter de Gruyter)，⑤Österreichisches Aussprachewörterbuch (2007, Rudolf Muhr, Peter Lang)．

第3章 実践編

子　音

Konsonanten

ドイツ語の子音は，
① 肺からの息（呼気）が声道のどこかで閉鎖されたり狭められたりして口または鼻から出る音です。
② 声帯の振動を伴う有声子音と振動を伴わない無声子音があります。

日本語の子音は，例えば「木」[ki]のように，子音1こ＋母音1こで基本的な単位を形成します（これを「モーラ」といい，五十音の1字に当たります）。
ドイツ語の子音は，例えばLand [lant]の[l]や[nt]のように，母音（[a]）の前後に現れます。子音は[nt]のように連続することもあります。子音連続は，母音の直前で3つ（Straßeなど），母音の直後で4つ（Herbstなど）まで可能です。

Lektion 13
[p] [b]

唇を固く閉じて一気に息を出す！

Pass [pás]
パスポート

Bass [bás]
バス（歌手）

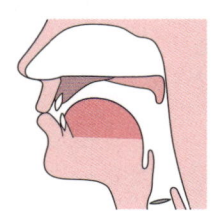

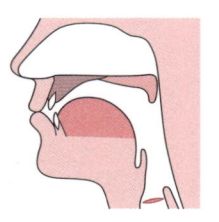

ポイント

[p]は，日本語の「パ・ピ・プ・ペ・ポ」の子音部分に当たります。[p]を発音するには，両方の唇を固く閉じて息をためておき，その後，唇をパッと離して一気に息を吐き出します。このような音を破裂音と言います。ドイツ語は，英語のように「ファー」という強い気息を伴うことはありませんが，日本語よりも強い音ですので，語頭では特に意識して強く発音しましょう。

[b]は[p]の有声音です。[b]は[p]と同じところで発音しますが，[b]では喉にある声帯を振動させます。喉に手をあてて声帯が震えるかを確かめながら[b]を発音してみましょう。

スペル

語末や音節末のbは，[p]と無声化します（末尾音硬化（S.18参照））。

ステップ 1

次のbは[p]音ですか，それとも[b]音ですか？
聞いてどちらかに✓を入れましょう。続いて発音しましょう。

	[p]	[b]		
1.	☐	☐	**B**ier	ビール
2.	☐	☐	le**b**en	生きている
3.	☐	☐	O**b**er	ボーイ
4.	☐	☐	Kal**b**	子牛
5.	☐	☐	O**b**st	果物

ステップ2 CD1 68

1 [p]-[b] を含む単語を発音しましょう。

1. ☐ **P**ass [pás]　　パスポート　☐ **B**ass [bás]　　バス（歌手）
2. ☐ **p**acken [pák(ə)n]　荷造りする　☐ **b**acken [bák(ə)n]　（パン・ケーキを）焼く
3. ☐ Ge**p**äck [gəpék]　荷物　☐ Ge**b**äck [gəbék]　クッキー
4. ☐ O**p**er [óːpɐ]　オペラ　☐ O**b**er [óːbɐ]　ボーイ
5. ☐ **P**aar [páːɐ]　一対, 一組　☐ **b**ar [báːɐ]　現金の

2 [p]-[b] を含む単語を発音しましょう。

1. ☐ **P**ost [póst]　郵便(局)　☐ Lam**p**e [lámpə]　電灯　☐ Ti**pp** [típ]　ヒント
2. ☐ **P**lan [pláːn]　計画　☐ Li**pp**e [lípə]　唇　☐ Ty**p** [týːp]　タイプ
3. ☐ **b**is [bís]　…まで　☐ o**b**en [óːb(ə)n]　上の　☐ a**b** [áb]　…から
4. ☐ **b**lau [bláʊ]　青い　☐ ha**b**en [háːb(ə)n]　持っている　☐ gel**b** [gélp]　黄色の

3 下線部に注意しながら, 質問を聞いて ja で答えましょう。

1. Schrei**b**st du mir bald?　　*Ja, ich schreibe dir bald.*
2. Ha**b**t ihr Besuch?　　*Ja, wir* _____.
3. Glau**b**t er es?　　_____.
4. Blei**b**t ihr noch?　　_____.
5. Trei**b**st du gern Sport?　　_____.

ステップ3

次の文の (a)〜(c) の部分を聞き取り, 正しいものを選びましょう。その後, 発音しましょう。

レストランで

CD1 69

○ Ich möchte gern **b**estellen.
☐ **B**itte schön, was **b**ekommen Sie?
○ Ich nehme eine **P**ilzsuppe und eine (a). A**b**er keine **P**ommes Frites, ich möchte lie**b**er (b). Geht das?
☐ Ja, natürlich. Kein **P**roblem. Und was möchten Sie trinken? Wollen Sie einen frischen Erd**b**eersaft **p**robieren?
○ Nein, ge**b**en Sie mir lie**b**er ein (c), **b**itte.
☐ Das **b**ringe ich Ihnen sofort an Ihren **P**latz.

(a)　1. **B**lutwurst　　2. Weißwurst　　3. **B**ratwurst
(b)　1. **B**ratkartoffeln　2. Kartoffelsalat　3. **P**ellkartoffeln
(c)　1. Kaffee　　2. **B**ier　　3. Wein

Lektion 14
[t] [d]

舌先を歯の付け根にしっかりつけて一気に息を出す！

CD1 70

Tier [tíːɐ̯]
動物

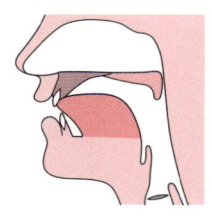

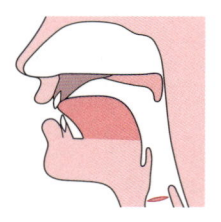

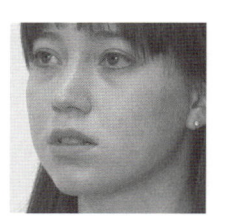

dir [díːɐ̯]
君に

ポイント

[t]は日本語の「タ・テ・ト」の子音部分にあたる音です。舌先を前歯の裏の根元（歯茎）のところにぴったりとつけ，息をためておきます。そして息を吐いて一気に舌を離します。[d]は[t]の有声音です。[t]と同じところで発音しますが，声帯を振動させる点が異なります。喉に手をあてて声帯が震えるかを確かめながら発音しましょう。[t], [d]も[p], [b]と同じ破裂音です。

スペル

語末や音節末のdは，[t]と無声化します（末尾音硬化（S.18参照））。

ステップ1

次のdは[t]音ですか，それとも[d]音ですか？
聞いてどちらかに✓を入れましょう。続いて発音しましょう。

CD1 71

	[t]	[d]		
1.	☐	☐	**D**eutsch	ドイツ語
2.	☐	☐	Bil**d**	絵
3.	☐	☐	Bil**d**er	絵（pl.）
4.	☐	☐	Sta**dt**	都市
5.	☐	☐	bei**d**e	二つの

ステップ 2 CD1 72

1 [t]-[d] を含む単語を発音しましょう。

1. ☐ **T**ier [tíːɐ̯]　動物　　　☐ **d**ir [díːɐ̯]　君に
2. ☐ **T**ank [táŋk]　タンク　　☐ **D**ank [dáŋk]　感謝
3. ☐ En**t**e [ɛ́ntə]　カモ　　　☐ En**d**e [ɛ́ndə]　終わり
4. ☐ Lei**t**er [láɪtɐ]　リーダー，はしご　☐ lei**d**er [láɪdɐ]　残念ながら
5. ☐ Kin**d** [kínt]　子供　　　☐ Kin**d**er [kíndɐ]　子供 (pl.)

2 [t]-[d] を含む単語を発音しましょう。

1. ☐ **T**asse [tásə]　カップ　☐ Sei**t**e [záɪtə]　ページ　☐ Fes**t** [fɛ́st]　祝祭
2. ☐ **T**raum [tʁáʊm]　夢　　☐ Mi**tt**e [mítə]　真ん中　☐ fas**t** [fást]　ほとんど
3. ☐ **D**ach [dáx]　屋根　　　☐ ba**d**en [báːd(ə)n]　入浴する　☐ Ba**d** [báːt]　入浴
4. ☐ **d**u [dúː]　君　　　　　☐ La**d**en [láːd(ə)n]　店　　☐ Fel**d** [fɛ́lt]　野原

3 下線部の単語に（　）の複数形語尾を加えて答えましょう。

デパートで店員との会話

1. Ich suche ein Hemd (-en).　　*Hemden finden Sie im dritten Stock.*
2. Ich suche ein Kleid (-er).　　*im zweiten Stock.*
3. Ich suche ein Bild (-er).　　*im vierten Stock.*
4. Ich suche ein Fahrrad (¨-er).　*im fünften Stock.*
5. Ich suche einen Herd (-e).　　*im Untergeschoss.*

ステップ 3

次の文の (a)〜(c) の部分を聞き取り，正しいものを選びましょう。
その後，発音しましょう。

CD1 73

兄弟について

○ Wie viele Geschwister hast **d**u?
☐ Einen Bru**d**er. Er ist noch S**t**u**d**en**t** und s**t**u**d**ier**t** **D**rama**t**urgie in (a).
○ **D**u has**t** es gu**t**. Ich hä**tt**e auch gern einen Bru**d**er.
☐ Has**t** **d**u keine Geschwis**t**er?
○ **D**och, eine Schwes**t**er. Meine Schwes**t**er is**t** (b) und ha**t** ein Kin**d**. Ihre **T**och**t**er heiß**t** **D**oris. Sie is**t** also meine (c).

(a)　1. **D**res**d**en　　2. **D**änemark　　3. **D**arms**t**a**dt**
(b)　1. le**d**ig　　　　2. gesun**d**　　　3. verheira**t**e**t**
(c)　1. Neffe　　　　2. Nich**t**e　　　3. **T**an**t**e

Lektion 15
[k] [g]

舌の後部をもち上げ，口の奥をしっかり閉じて一気に息を出す！

Kasse [kásə]
レジ

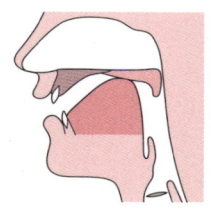

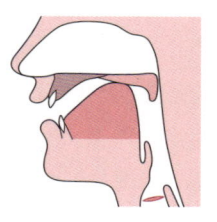

Gasse [gásə]
小路

ポイント

[k]を発音するには，舌の後部を持ち上げ，口の奥の柔らかい天井部分（軟口蓋）にしっかり押し当てて閉じます。そこに息をためておき，勢いよくパッと離します。日本語の「カ・キ・ク・ケ・コ」の子音部分に当たります。「カ・キ・ク・ケ・コ」のように子音の後に母音を入れないように注意しましょう。[k]の有声音が「ガ・ギ・グ・ゲ・ゴ」の[g]です。

スペル

語末や音節末のgは，[k]と無声化します（末尾音硬化（S.18参照））。

ステップ1

次のgは[k]音ですか，それとも[g]音ですか？
聞いてどちらかに✓を入れましょう。続いて発音しましょう。

	[k]	[g]		
1.	☐	☐	**g**ut	良い
2.	☐	☐	**G**las	ガラス
3.	☐	☐	le**g**en	横にする
4.	☐	☐	Ta**g**	日中
5.	☐	☐	mitta**g**s	昼に

ステップ2

1 [k]-[g]を含む単語を発音しましょう。

1. ☐ **K**asse [kásə]　レジ　　☐ **G**asse [gásə]　小路
2. ☐ **K**arten [káʁt(ə)n]　カード (pl.)　☐ **G**arten [gáʁt(ə)n]　庭
3. ☐ **K**abel [ká:b(ə)l]　ケーブル　☐ **G**abel [gá:b(ə)l]　フォーク
4. ☐ We**g** [vé:k]　道　　☐ We**g**e [vé:gə]　道 (pl.)
5. ☐ Ta**g** [tá:k]　日　　☐ Ta**g**e [tá:gə]　日 (pl.)

2 [k]-[g]を含む単語を発音しましょう。

1. ☐ **k**alt [kált] 寒い ☐ Bä**ck**er [békɐ] パン屋 ☐ Ban**k** [báŋk] 銀行
2. ☐ **k**lein [kláɪn] 小さい ☐ Fra**g**e [fʁá:gə] 質問 ☐ Musi**k** [muzí:k] 音楽
3. ☐ **g**ut [gú:t] 良い ☐ Au**g**e [áʊgə] 目 ☐ Zu**g** [tsú:k] 電車
4. ☐ **G**lü**ck** [glýk] 幸福 ☐ sa**g**en [zá:g(ə)n] 言う ☐ Flu**g** [flú:k] 飛行

3 下線部　　　の動詞をduの命令形にしてjaで答えましょう。

1. Ich frage mal Petra.　　　*Ja, frag sie mal!*
2. Ich lege mich in der Sonne.　*Ja, leg dich in der Sonne!*
3. Ich sage es ihm.　　　　*Ja, sag_____!*
4. Ich steige auf den Berg.　_____!
5. Ich packe den Koffer.　_____!

ステップ3

次の文の (a)〜(c) の部分を聞き取り、正しいものを選びましょう。その後、発音しましょう。

駅で

○ Entschuldi**g**ung, fährt der (a) nach **G**öttingen?
☐ Nein, der Zu**g** nach **G**öttin**g**en fährt von (b) zwei. Sie müssen aber in (c) umstei**g**en.
○ Vielen Dan**k**, dass Sie mir das sa**g**en. Fast hätte ich ver**g**essen, dass ich umstei**g**en muss.
△ Nichts zu dan**k**en.

(a)　1. Bahn　　　2. Zug　　　3. Bus
(b)　1. Bahnsteig　2. Bahnhof　3. Gleis
(c)　1. **K**assel　　2. **K**oblenz　3. **K**arlsruhe

Lektion 16
[s] [z]

前歯の裏に舌先を近づけ隙間を作る！

Glas [glá:s]
ガラス

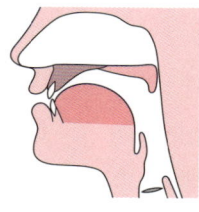

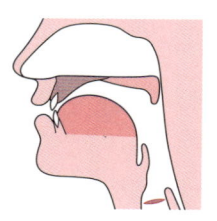

Gläser [glɛ́:ɐ̯]
ガラス (pl.)

> [s] は日本語の「サ・ス・セ・ソ」の子音部分です。まず前歯の裏側にある歯茎に向けて舌先を近づけます。舌先は平らにしておきましょう。舌先と歯茎の間に少し隙間をあけ，その間から息を出します。隙間の空気がこすれ合ったような音を出すので，「摩擦音」と呼ばれています。
>
> [z] は，[s] の有声音です。日本語の「ザ行」は，語頭では一瞬舌先で閉じて発音するので（破擦音 [dz]），ドイツ語と比べるとかなり強い響きになります。ドイツ語の [z] は，[s] と同じように必ず隙間を作って発音します。

スペル

See [zé:] のように s が母音の前にあれば [z] と発音しますが，Gla**s** [glá:s] のように語末や音節末の s は [s] と無声化します（末尾音硬化（S.18 参照））。なお，ß, ss はいつも [s] です。

ステップ 1

次の色付きの部分は [s] ですか，それとも [z] ですか？
聞いてどちらかに ✓ を入れましょう。続いて発音しましょう。

	[s]	[z]		
1.	☐	☐	**S**alz	塩
2.	☐	☐	Ho**s**e	ズボン
3.	☐	☐	Mau**s**	ネズミ
4.	☐	☐	Flu**ss**	川
5.	☐	☐	Fu**ß**	足

ステップ 2 CD1 80

1 [s]-[z] を含む単語を発音しましょう。

1. ☐ rei**ß**en [ráɪs(ə)n]　引き裂く　☐ rei**s**en [ráɪz(ə)n]　旅行する
2. ☐ wei**ß**e [váɪsə]　白い　☐ wei**s**e, Wai**s**e [váɪzə]　賢い，孤児
3. ☐ (er) lie**s**t [líːst]　（彼は）読む　☐ (wir) le**s**en [léːz(ə)n]　（私たちは）読む
4. ☐ Hau**s** [háʊs]　家　☐ Häu**s**er [hɔ́ɪzɐ]　家（pl.）

2 [s]-[z] を含む単語を発音しましょう。

1. ☐ **S**ee [zéː]　海，湖　☐ Na**s**e [náːzə]　鼻
2. ☐ **S**aft [záft]　ジュース　☐ Do**s**e [dóːzə]　缶
3. ☐ **S**kizze [skítsə]*　スケッチ　☐ Sü**ß**e [zýːsə]　甘さ
4. ☐ **S**lowakei [slovakáɪ]*　スロバキア　☐ Se**ss**el [zés(ə)l]　肘掛椅子
5. ☐ Nu**ss** [nús]　ナッツ　☐ wei**ß** [váɪs]　白い

*s に子音が続くと [s] になります。

3 下線部_____の動詞を使い，質問に ja で答えましょう。

1. Rei**s**t du gern?　　Ja, ich reise gern.
2. Le**s**t ihr gern?　　Ja, wir _____ .
3. Überwei**s**t du es?　_____ .
4. Lö**s**t du es?　_____ .
5. Hei**ß**t du Sara?　_____ .

ステップ 3

次の文の (a)〜(c) の部分を聞き取り，正しいものを選びましょう。
その後，発音しましょう。

夏休みの予定を話す

CD1 81

○ Machen **S**ie in die**s**em (a) eine Rei**s**e?

☐ Ja, ich rei**s**e mit meiner Cou**s**ine nach Pari**s**. Wir möchten viele **S**ehen**s**würdigkeiten be**s**ichtigen.

○ **S**ehr intere**ss**ant. Wir fahren auf die (b) **S**ylt. **S**ylt liegt in der Nord**s**ee. Wir (c) oder le**s**en und genie**ß**en die **S**onne.

☐ **S**ie werden **s**icher viel Spaß haben. **S**ylt mu**ss** eine tolle In**s**el **s**ein.

(a)　1. Winter　　2. **S**ommer　　3. Frühling
(b)　1. Indien　　2. Halbin**s**el　　3. In**s**el
(c)　1. **s**egeln　　2. schwimmen　　3. wandern

Lektion 17
[ʃ] [ʒ]

唇を突き出してシュ・ジュという！

schon [ʃóːn]
すでに

Genie [ʒeníː]
天才

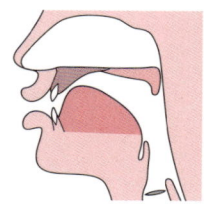

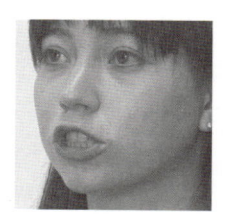

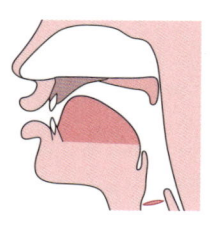

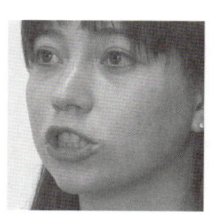

ポイント

[ʃ] を発音するには，日本語の「シ」や「シャ・シュ・ショ」よりも唇を丸めて突き出します。そして歯茎の少し奥のくぼみ（後部歯茎）に隙間を作り，そこから息を出します。日本語の「シ」は [ʃ] よりも広い範囲に（後部歯茎から硬口蓋にかけて）狭めを作ります。発音記号も日本語では [ɕ] となり，ドイツ語とは異なります。

[ʃ] の有声音が [ʒ] です。[ʃ] と同じように唇は円を描くように丸め，前に突き出します。日本人はこの音を日本語の「ジ」や「ジュ」のように，舌で一瞬閉じて発音しがちです（破擦音 [dʑ]）。[ʒ] は摩擦音ですので，必ず隙間を作りましょう。

スペル

[ʃ] は sch, s(p), s(t) と書きます。

Schule [ʃúːlə]　学校　　**S**piel [ʃpíːl]　遊び　　**S**tein [ʃtáɪn]　石

[ʒ] は外来語に限られ，文字としては „j" や „g" が当てられます。

Journa**l** [ʒʊʁnáːl]　雑誌　　Oran**g**e [oʁáŋʒə]　オレンジ

ステップ 1

次の色付きの部分は [ʃ] 音ですか，それとも [ʒ] 音ですか？
聞いてどちらかに ✓ を入れましょう。続いて発音しましょう。

	[ʃ]	[ʒ]		
1.	☐	☐	**S**port	スポーツ
2.	☐	☐	**J**ournalist	ジャーナリスト
3.	☐	☐	Japani**sch**	日本語
4.	☐	☐	Ga**g**e	ギャラ

ステップ 2 CD1 85

1 以下の „st" の発音は，左側は [ʃ], 右側は [s] です．気をつけて発音しましょう．

1. ☐ ge**st**artet [ɡəʃtáʁtət] 発車した ☐ ge**st**ern [ɡéstɐn] 昨日
2. ☐ be**st**ehen [bəʃtéːən] 存在する ☐ be**st**ens [béstəns] 実によく
3. ☐ er**st**aunen [ɛʁʃtáunən] 驚かす ☐ er**st**ens [éːʁst(ə)ns] 第一に
4. ☐ ver**st**ehen [fɛʁʃtéːən] 理解する ☐ Fen**st**er [fénstɐ] 窓

2 [ʃ] を含む単語を発音しましょう．

1. ☐ **Sch**al [ʃáːl] スカーフ ☐ **Sp**aß [ʃpáːs] 楽しみ ☐ **St**unde [ʃtúndə] 時間
2. ☐ wa**sch**en [váʃ(ə)n] 洗う ☐ Fi**sch**er [fíʃɐ] 漁師 ☐ Ta**sch**e [táʃə] カバン
3. ☐ Ti**sch** [tíʃ] 机 ☐ engli**sch** [éŋlɪʃ] 英語の ☐ hüb**sch** [hýpʃ] 素敵な

3 [ʒ] を発音しましょう．

☐ Gara**g**e [ɡaʁáːʒə] ガレージ ☐ In**g**enieur [ɪnʒeniǿːɐ̯] エンジニア

4 ( ) の動詞を変化させて質問に答えましょう．

1. Was machen Sie heute? (Schach spielen)   _Ich spiele Schach_ .
2. Was esst ihr morgens? (Orangen essen)   _____.
3. Was machst du heute? (das Geschirr spülen) _____.
4. Was lesen Sie abends? (Zeitschriften lesen) _____.

ステップ 3

次の文の (a)〜(c) の部分を聞き取り，正しいものを選びましょう．
その後，発音しましょう．

留守番電話

CD1 86

Hallo Jolly, hier **s**pricht **S**tefan. Am dreißig**s**ten wollen **S**teffi und ich ins (a), um uns ein **S**portwagenrennen anzu**sch**auen. Ich gehe in der näch**s**ten **S**tunde in die (b) und hole Karten. Wenn du mitkommen möchte**s**t, ruf mich (c) zurück.

(a) 1. **S**tudium   2. **S**tadion   3. Ge**sch**äft
(b) 1. **S**porthalle 2. **Sch**ule   3. **S**tadt
(c) 1. sofort   2. **sch**nell   3. **sch**on

Lektion 18
[f] [v]

下唇と上の歯を合わせた隙間から息を出す！

CD1 87

fein [fáɪn]
細い

Wein [váɪn]
ワイン

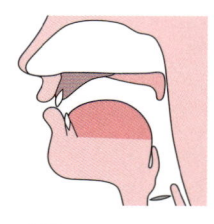

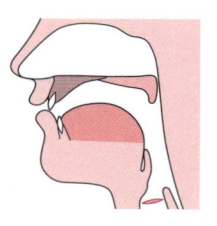

ポイント

[f]を発音するには，上の前歯と下唇で狭い隙間を作り，その間から息を出します。前歯を当てる場所は，下唇そのものでなく，唇の内側の粘膜のところで充分です。[f]の有声音が[v]です。両方とも摩擦音ですので，息が擦れるような音になります。日本語の「フ」([ɸ])は上唇と下唇の間から息を通しますので，[f]とは別の音です。

スペル

[f]は，f, ff, ph, vと書きます。
[v]はwと書きますが，外来語ではvとも書きます。

ステップ1 CD1 88

① [f]を含む単語を発音しましょう。

f, ff, ph:
- ☐ **F**uß [fúːs] 足
- ☐ kau**f**en [káʊf(ə)n] 買う
- ☐ A**ff**e [áfə] サル
- ☐ **Ph**ysik [fyzíːk] 物理

v: ドイツ語本来の語ではvと書き，[f]と読みます。
- ☐ **v**iel [fíːl] たくさんの
- ☐ **V**ogel [fóːg(ə)l] 鳥
- ☐ **V**ater [fáːtɐ] 父
- ☐ **v**oll [fɔl] いっぱいの

語末のv: 語末の[v]は無声化し，[f]になります。
- ☐ Moti**v** [motíːf] 動機
- ☐ Archi**v** [aʁçíːf] 公文書館

2 [f]-[v] を含む単語を発音しましょう。

1. ☐ **F**eld [félt]   野原   ☐ **W**elt [vélt]   世界
2. ☐ **f**and [fánt]   見つけた   ☐ **W**and [vánt]   壁
3. ☐ **v**ier [fíːɐ̯]   4   ☐ **w**ir [víːɐ̯]   私たち

3 次の音は [f] ですか，それとも [v] ですか？
聞いてどちらかに✓を入れましょう。続いて発音しましょう。

	[f]	[v]		
1.	☐	☐	**W**asser	水
2.	☐	☐	**V**ase	花瓶
3.	☐	☐	o**f**t	しばしば
4.	☐	☐	sch**w**immen	泳ぐ
5.	☐	☐	akti**v**	活動的な

ステップ2 CD1 89

[b]-[f]-[v] を含む単語を発音しましょう。

1. ☐ **B**all [bál] ボール ☐ **F**all [fál] 落下 ☐ **W**all [vál] 土手
2. ☐ **B**ein [báɪn] 脚 ☐ **f**ein [fáɪn] 細い ☐ **W**ein [váɪn] ワイン
3. ☐ **b**ellt [bélt] (犬が)吠える ☐ **f**ällt [félt] 落ちる ☐ **W**elt [vélt] 世界
4. ☐ **B**ass [bás] バス(歌手) ☐ **F**ass [fás] 樽 ☐ **w**as [vás] 何が,何を

ステップ3

次の文の(a)〜(c)の部分を聞き取り，正しいものを選びましょう。
その後，発音しましょう。

天気について

○ **W**ie **w**ird das (a) heute? Hast du den **W**etterbericht gehört?
☐ Heute haben **w**ir **F**rühlings**w**etter und es **w**ird **w**arm.
○ Und am (b)?
☐ Am **W**ochenende **w**ird es he**f**tige Ge**w**itter geben.
○ Schade. Am **W**ochenende **w**ollte ich in die Berge (c) gehen.

(a) 1. **W**etter   2. Lage   3. **W**olken
(b) 1. **F**reitag   2. **W**ochenende 3. Sonntag
(c) 1. spazieren   2. **w**andern   3. **f**eiern

Lektion 19

[x] [ç]

[x] では大きく息を吐き出す！
[ç] では強く言う！

Nach**t** [náxt] 夜

nich**t** [níçt] …でない

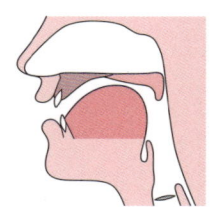

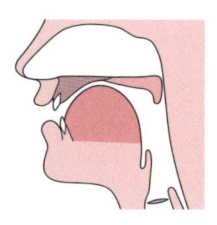

> [x] は日本語の「ハ」[ha] とは違います。[x] では舌の後部を軟口蓋に近づけて隙間を作り，そこから擦れる音を出します。日本語の「ハ」に擦れる音が聞こえないのは，口腔内に妨げるものがないほど充分に開いているからです。まずは日本語で「ハー」と強く言いながら少しずつ舌の後部を持ち上げて雑音が聞こえるくらいまでのどの奥を狭めていきましょう。
>
> [ç] は日本語の「ヒ」の子音部分と同じ音です。舌の真中を盛り上げて硬口蓋に近づけて狭めを作りながら発音します。日本人の [ç] は弱くなりがちです。強く息を吐きましょう。[x], [ç] はともに摩擦音です。

スペル

ch [x]: 直前の母音が a, o, u, au の場合

Ba**ch** [báx] 小川　no**ch** [nɔ́x] まだ
Bu**ch** [búːx] 本　au**ch** [áʊx] …もまた

ch [ç]: 上記以外の母音（i, e, ü, ö）や子音の後，語頭で

i**ch** [íç] 私　e**ch**t [éçt] 本物の　Kü**ch**e [kýçə] キッチン
mö**ch**te [mǿçtə] …したい　Mil**ch** [mílç] 牛乳　**Ch**ina [çíːna] 中国

-ig [iç]: 語末が -ig に終わる場合：dreiß**ig** [dʁáɪsɪç] 30　richt**ig** [ʁíçtɪç] 正しい

ステップ 1

次の下線部は [ç] 音ですか，それとも [x] 音ですか？
聞いてどちらかに ✓ を入れましょう。続いて発音しましょう。

	[ç]	[x]		
1.	☐	☐	Chemie	化学
2.	☐	☐	lachen	笑う
3.	☐	☐	König	王
4.	☐	☐	Kirche	教会
5.	☐	☐	Buch	本

ステップ 2

① [x]-[ç] を含む単語を発音しましょう。

1. ☐ Nacht [náxt]　夜　　　☐ nicht [níçt]　…でない
2. ☐ doch [dɔ́x]　しかし　☐ dich [díç]　君を
3. ☐ sprach [ʃpʁá:x]　話した　☐ sprich [ʃpʁíç]　話しなさい
4. ☐ ach [áx]　ああ　　　☐ ich [íç]　私

② 特に ch の組み合わせに気をつけながら発音しましょう。

1. ☐ Buch [bú:x]　本　　　　☐ Bücher [bý:çɐ]　本 (pl.)
2. ☐ Frucht [fʁúxt]　果物　　☐ Früchte [fʁýçtə]　果実 (pl.)
3. ☐ Tuch [tú:x]　布切れ　　☐ Tücher [tý:çɐ]　布切れ (pl.)
4. ☐ Spruch [ʃpʁúx]　格言　　☐ Sprüche [ʃpʁýçə]　格言 (pl.)
5. ☐ Kuchen [kú:x(e)n]　ケーキ　☐ Küche [kýçə]　キッチン

ステップ 3

次の文の (a)～(c) の部分を聞き取り，正しいものを選びましょう。
その後，発音しましょう。

求人広告

Ab sofort suchen wir einen/eine Koch/Köchin mit guten Kochkenntnissen in der (a) Küche. Wir bieten (b) traditionelle Gerichte an, sind ein freundliches und gemütliches Team und unser (c) ist sehr verlässlich. Bitte melden Sie sich demnächst bei uns per E-Mail in deutscher Sprache.

(a)　1. australischen　2. deutschen　3. österreichischen
(b)　1. teilzeitig　2. ganztägig　3. vollzeitig
(c)　1. Küchenchef　2. Chefkoch　3. Kochlehrling

Lektion 20

[ʀ] [ʁ] [r]　[ʁ]では舌の後部と口蓋垂の間を狭くする！

grau [gʁáʊ]
灰色の

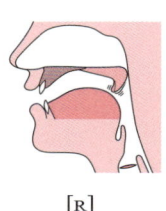

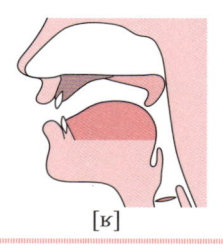

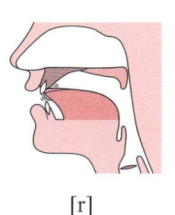

[ʀ]　　　　[ʁ]　　　　[r]

ポイント

　ドイツ語の /r/ には [ʀ] [ʁ] [r] の3種類がありますが，標準ドイツ語では [ʁ] が用いられています。

　[ʀ]を発音するには後舌を口蓋垂に近づけ，隙間から強く息を吐きだすと口蓋垂が後舌に向かってパタパタと震え，ちょうどうがいをするときのようなガラガラという音がします。これが震え音の [ʀ] です。強調して言うときや，ゆっくり発音するときにはこの [ʀ] を使います。

　[ʁ]を練習するには，まず [ʀ] を発音するときと同じ場所（口蓋垂と後舌）を狭めます。そして勢いよく，奥の方から息を吐き出しましょう。舌は出来るだけ後ろに引いて丸めるような形にします。かすれた息の音が聞こえれば，これが [χ]* の音ですので，声帯を震わせて有声音にすると，[ʁ] になります。ちょうど日本語の「ガ」を言うつもりで，しかし「ガ」よりもかなり奥の方（口蓋垂のところ）に狭めを作ります。上を向いて「アー」と言いながらアゴを下げると自然に [ʁ] が発音できます。

　[r]は，舌先を歯茎に当てて数回振動させて出す音です。この [r] は，おもに南部ドイツ，オーストリア，スイスで使われていますので，この音も使えるようにしておきましょう。　*[χ]は[x]より奥の口蓋垂の無声音。

ステップ 1　　[x]と組み合わせて[ʁ]を練習しましょう。

- ☐ Na**ch**r**icht** [náxʁɪçt]　　　　ニュース
- ☐ na**ch** **R**egel [nax ʁéːg(ə)l]　　規則に従って
- ☐ no**ch** **r**eicher [nɔx ʁáɪçɐ]　　もっと豊かに
- ☐ Fa**ch**r**ichtung** [fáxʁɪçtʊŋ]　　専門分野

🔊 スペル

語末の -r, -er は軽い「ア」（[ɐ], [ɐ]）になります（S.39 参照）。

》》》》 ステップ 2　CD1 98

① [ɐ]-[ʁ] を含む単語を発音しましょう。

1. ☐ U̲hr [úːɐ̯]　　時計　　☐ U̲hren [úːʁən]　　時計（pl.）
2. ☐ Ti̲er [tíːɐ̯]　　動物　　☐ Ti̲ere [tíːʁə]　　動物（pl.）
3. ☐ Pa̲ar [páːɐ̯]　　一対, 一組　　☐ Pa̲are [páːʁə]　　一対, 一組（pl.）
4. ☐ Bä̲cker [bɛ́kɐ̯]　　パン屋（職業）　　☐ Bä̲ckere̲i [bɛkəʁáɪ]　　パン屋（店）
5. ☐ Bü̲cher [býːçɐ̯]　　本（pl.）　　☐ Bü̲chere̲i [byːçəʁáɪ]　　本屋

② [ʁ] を含む単語を発音しましょう。

1. ☐ Fr̲ucht [fʁúxt]　　果実　　☐ Fu̲rcht [fúʁçt]　　恐れ
2. ☐ Tr̲eue [tʁɔ́ɪə]　　忠実　　☐ teu̲re [tɔ́ɪʁə]　　（値段の）高い
3. ☐ Br̲ust [bʁúst]　　胸　　☐ Wu̲rst [vúʁst]　　ソーセージ

③ (　) の比較級を使って希望のものを求めましょう。

1. Die Schuhe sind klein. (größer)　_Haben Sie die auch größer?_
2. Der Saft ist nicht so frisch. (frischer)　_Haben Sie den noch_　　　?
3. Das Bett ist schmal. (breiter)　_Haben Sie das auch_　　　?

》》》》 ステップ 3

次の文の (a)〜(c) の部分を聞き取り, 正しいものを選びましょう。その後, 発音しましょう。

ホテルのフロントで

CD1 99

○ Guten Tag, haben Sie ein Zimmer frei? Wir möchten ein (a) mit Frühstück.

☐ Ein Familienzimmer mit Frühstück. Kein Problem. Für wie viele Nächte?

○ (b) Nächte, bitte. Hat das Zimmer ein Bad?

☐ Ja, das Zimmer hat ein Bad mit einer extra Dusche.

○ Dann nehmen wir das Zimmer sehr gern.

☐ Danke. Füllen Sie bitte das (c) aus.

(a)　1. Familienzimmer　　2. Doppelzimmer　　3. Einzelzimmer
(b)　1. Zwei　　　　　　　2. Eine　　　　　　3. Drei
(c)　1. Formular　　　　　2. Blatt　　　　　　3. Zettel

Lektion 21
[l]

舌先を広げて歯の根元にしっかりつける！

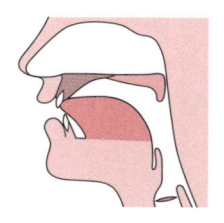

Lamm [lám]
子羊

> **ポイント**
> [l]を発音するには，舌先とともに舌端部分を前歯4本分ほど歯茎にべったりとつけ，舌の両側から息を流します。ほおづえをついてあごを固定すると練習しやすいです。日本語の「ラ・リ・ル・レ・ロ」のように跳ねるような発音ではありません。英語では舌先だけが歯茎につき，根元に向かって降りていますが，ドイツ語では舌全体を平らにしますので，区別して発音しましょう。

ステップ 1

次の単語にはrかlのいずれかが含まれます。
rかlのどちらが入っているかを聞き取って✔を入れましょう。
続いて発音しましょう。

	[l]	[ʁ]		[l]	[ʁ]
1.	☐	☐	2.	☐	☐
3.	☐	☐	4.	☐	☐

① [l]-[ʁ] を含む単語を発音しましょう。

1. ☐ **l**eise [láɪzə] 静かな ☐ **R**eise [ʁáɪzə] 旅行
2. ☐ **L**äden [lɛ́ːd(ə)n] 店 (pl.) ☐ **r**eden [ʁéːd(ə)n] 話す
3. ☐ b**l**au [bláʊ] 青い ☐ b**r**aun [bʁáʊn] 茶色の
4. ☐ sch**l**ank [ʃláŋk] スマートな ☐ Sch**r**ank [ʃʁáŋk] 戸棚

② [l] を含む単語を発音しましょう。

1. ☐ **L**and [lánt] 国 ☐ so**ll**en [zɔ́l(ə)n] …すべきである ☐ Ö**l** [ǿːl] 油
2. ☐ **L**uft [lʊ́ft] 空気 ☐ Wi**ll**e [vílə] 意志 ☐ Zah**l** [tsáːl] 数

③ [lən] と過去形 [lt(ə)n] を含む単語を発音しましょう。

1. ☐ ste**ll**en [ʃtélən]　立てる　　☐ ste**ll**ten [ʃtélt(ə)n]　立てた
2. ☐ be**ll**en [bélən]　(犬が)吠える　☐ be**ll**ten [bélt(ə)n]　(犬が)吠えた
3. ☐ spi**el**en [ʃpíːlən]　遊ぶ　　☐ spi**el**ten [ʃpíːlt(ə)n]　遊んだ
4. ☐ wo**ll**en [vɔ́lən]　…(する)つもりだ　☐ wo**ll**ten [vɔ́lt(ə)n]　…(する)つもりだった

ステップ 2

( ) のうちどちらかの単語が流れます。どちらかを聞き取り，しるしをつけましょう。続いて発音しましょう。

A: Heißt der neue Lehrer (**L**amsdorf / **R**amsdorf)?
B: Nein, er heißt (**L**amsdorf / **R**amsdorf).
A: Dann kenne ich Herrn (**L**amsdorf / **R**amsdorf).
B: Ich kenne aber nur Herrn (**L**amsdorf / **R**amsdorf).

1. Herr **L**ego / Herr **R**ego　　2. Herr Bie**l**e / Herr Bie**r**e
3. Herr **L**eise / Herr **R**eise　　4. Herr Wi**l**d / Herr Wi**r**t

ステップ 3

次の文の (a)〜(c) の部分を聞き取り，正しいものを選びましょう。その後，発音しましょう。

花屋で

〇 Guten Tag, ich möchte einen Strauß **B**lumen.
☐ Für welchen An**l**ass so**ll** er sein?
〇 Wir haben eine (a) zum Essen. A**l**s Geschenk möchten wir **B**lumen mitbringen.
☐ Wie ist es mit diesen (b) **B**lumen? Die sind sehr schön.
〇 Hm. Nicht sch**l**echt. Geben Sie aber auch ein paar (c) **B**lumen dazu. Die beiden Farben passen gut zusammen.
☐ Gut, ich binde sie zu einem Strauß für e**l**f Euro zusammen.

(a) 1. Besuch　　2. Ein**l**adung　　3. Party
(b) 1. grauen　　2. braunen　　3. b**l**auen
(c) 1. ge**l**be　　2. b**l**aue　　3. ganze

Lektion 22
[n] [ŋ]

[n] では歯茎に舌先をつける！

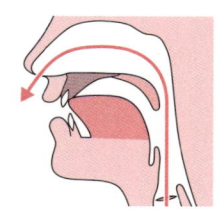

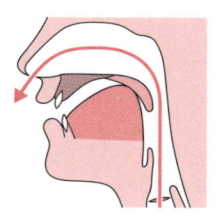

dann [dán]
それから

Dank [dáŋk]
感謝

> **ポイント**
>
> 舌先を前歯の裏の根元（歯茎）のところにしっかりつけて唇をわずかに開き，「ンー」と言うと息が鼻から出る [n] になります。
>
> [ŋ] を発音するには，舌の奥の方を持ち上げ，口の天井の柔らかいところ（軟口蓋）につけて口からの空気の流れを完全にふさぎ，鼻から息を出します。[k] や [g] を発音するところと同じ場所です。鼻から息を出して発音する [n], [ŋ] は「鼻音」と呼ばれます。

スペル

ng の2文字で [ŋ] と発音します。ng を [ŋg] と分けて発音するのは，Ungarn [úŋgaʁn] のように外来語に限られます。しかし，Enkel [ɛŋk(ə)l] のように nk は [ŋk] と別々に発音します。

ステップ 1

① [n] を発音しましょう。

- □ **N**ame [náːmə]　名前
- □ **n**ett [nɛt]　親切な
- □ Ka**nn**e [kánə]　ポット
- □ Sah**n**e [záːnə]　生クリーム

日本語では，語末の「ん」は喉の奥を閉じて発音する [ŋ] か [ɴ] です。「カン」や「ビン」の「ン」を発音すると舌が奥（[ŋ] 軟口蓋，[ɴ] 口蓋垂）をふさいでいることが感じられるでしょう。ドイツ語の語末の kann [kán] や bin [bín] の [n] と区別しましょう。

② [n] を発音しましょう。

- Sohn [zóːn]　息子
- nein [náɪn]　いいえ
- finden [fíndən]　見つける
- Lektion [lɛktsióːn]（教科書の）課

ステップ 2　CD2 7

① [ŋ]-[ŋk] を含む単語を発音しましょう。

1. Engel [éŋ(ə)l]　天使　　Enkel [éŋk(ə)l]　孫
2. singen [zíŋən]　歌う　　sinken [zíŋk(ə)n]　沈む

② 次の問い合わせに対し，以下の広告の内容をもとに答えましょう。

語学学校への問い合わせ電話

1. Wann fangen die Kurse an?　— *Am Montag, den elften Januar.*
2. Welche Kurse gibt es?　—
3. Was kostet ein Kurs?　— *Einhundertzehn Euro*
4. Wie kann man sich zu einem Kurs anmelden?
　　　　　　　　　　　　　— *Per E-Mail oder per Telefon.*

Fremdsprache Schule

Beginn: 11.01.(Montag)　　Kurse: Anfängerkurse, Mittelstufenkurse

Gebühr: jeder Kurs 110 Euro　　Anmeldung: per E-Mail oder per Telefon

---

ステップ 3

次の文の (a)〜(c) の部分を聞き取り，正しいものを選びましょう。その後，発音しましょう。[n] には＿が，前後の環境で [m] になったものには＝が，[ŋ] には〜がついています（S.100参照）。

車内アナウンス

Meine Damen und Herren, wir erreichen in wenigen Minuten den Frankfurter (a). Sie haben Anschluss an den ICE 539 um 10.28 Uhr nach Wien, an den IC 3417 um 10.32 Uhr nach München und an den RE 2861 um 10.35 Uhr nach Münster. Wir verabschieden uns von allen Fahrgästen, die in Frankfurt (b) und bedanken uns, dass Sie mit uns gefahren sind. Ich wünsche Ihnen noch eine (c) Weiterfahrt.

(a)　1. Bahnhof　　2. Hauptbahnhof　　3. Bahnhof Süd
(b)　1. aussteigen　　2. einsteigen　　3. umsteigen
(c)　1. schöne　　2. angenommene　　3. angenehme

Lektion 23

[m]

唇をしっかり合わせる！

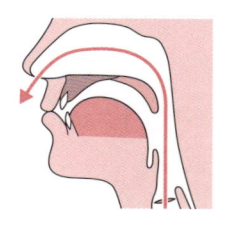

man [mán]
人は

唇を合わせてしっかり閉じ，鼻から息を出します。日本語の「マ行」の子音部分に相当します。語の最後にある [m] では少し長く，響かせるように発音しましょう。[m] も [n], [ŋ] と同じ「鼻音」です。

ステップ 1　　[m]-[n] を含む単語を発音しましょう。

1. ☐ a**m** [ám]　…に　　☐ a**n** [án]　…に
2. ☐ vo**m** [fɔ́m]　…から　　☐ vo**n** [fɔ́n]　…から
3. ☐ i**m** [ím]　…の中に　　☐ i**n** [ín]　…の中に
4. ☐ U**m**fall [úmfal]　転倒　　☐ U**n**fall [únfal]　事故
5. ☐ Ka**mm** [kám]　クシ　　☐ ka**nn** [kán]　…ができる

ステップ 2　　イラストを見てどこが痛いのかを言いましょう。

Was ist mit dir los?

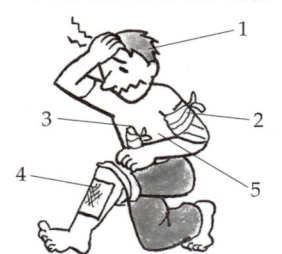

1. (der Kopf)　　Der Kopf tut mir weh.
2. (der Arm)
3. (der Daumen)
4. (das Bein)
5. (der Magen)

Lektion 24
[ʔ]

声帯を一瞬閉じる！ 破裂音

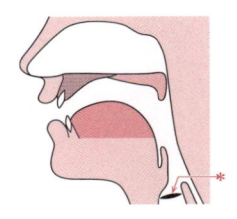

in [ʔín]
の中に

> **ポイント**
> [ʔ]は日本語にはない音です。[ʔ]は破裂音ですから声帯を一度固く閉じて一気に開きます。小さい「カチッ」という音がこのときに聞こえます。母音で始まる語や音節の直前には[ʔ]を入れますが，最近の日常的な会話では省略する傾向にあります。母音で始まる語に[ʔ]が入らなくても，前の音とはつなげずに，切るようにして母音を発音しましょう。

ステップ1

① 次の色付きの母音の前には[ʔ]があらわれます。その個所に「|」をつけましょう。続いて発音しましょう。

1. mit Anna　アンナと一緒に
2. um eins　1時に
3. Theater　劇場
4. beachten　注意する
5. Verein　クラブ，会
6. Wochenende　週末

② [h]-[ʔ]を含む単語を発音しましょう。

1. ☐ **H**alt [hált]　停止　　☐ **a**lt [ʔált]　古い
2. ☐ **H**aus [háʊs]　家　　☐ **a**us [ʔáʊs]　（の中）から
3. ☐ **H**und [húnt]　犬　　☐ **u**nd [ʔʊ́nt]　そして
4. ☐ **h**eiß [háɪs]　熱い　　☐ **E**is [ʔáɪs]　アイスクリーム，氷
5. ☐ **h**offen [hɔ́f(ə)n]　希望する　☐ **o**ffen [ʔɔ́f(ə)n]　開いた

ステップ2

次の早口言葉を言いましょう。縦線には[ʔ]が入ります。

| Acht | alte | Ameisen | aßen | am | Abend | Ananas.
8匹の年寄りアリが夕方パイナップルを食べた。

Lektion 25
[h]

口の中はいつも広げる！

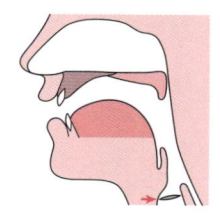

hin [híːn]
そこへ

> [h] を発音するためには，声帯を広げて「ハー」という息の音を出します。口の中は狭めないように声道を広げておきます。
>
> 日本語の「ハ」[ha]，「ヘ」[he]，「ホ」[ho] の [h] はドイツ語と同じ音ですが，日本語の「ヒ」は [ç] を使い，「フ」はドイツ語にはない [ɸ] を使います。[h] と [i] や [u] を組み合わせた [hi] や [hu] では，日本語のときのように狭めて [çi] や [ɸu] にならないようにし，声道をやや開いて発音しましょう。

ステップ1

次の語頭には [hɪ] か [çɪ]/[çi] かのいずれかが含まれます。どちらが入っているかを聞き取って✓を入れましょう。続いて発音しましょう。

	[hɪ]	[çɪ]/[çi]
1.	☐	☐
2.	☐	☐
3.	☐	☐
4.	☐	☐
5.	☐	☐

ステップ2 CD2 17

1 [hu]/[hʊ]-[hi]/[hɪ] を含む単語を発音しましょう。

1. ☐ **Hu**mmel [húm(ə)l]　マルハナバチ　　☐ **Hi**mmel [hím(ə)l]　空
2. ☐ **hu**ndert [hʊ́ndɐt]　100　　　　　　☐ **hi**ndern [hɪ́ndɐn]　妨げる
3. ☐ **huhu** [huhúː]　（寒さで）ひゃぁ　　☐ **hihi** [hihíː]　（悪意のこもった）ひっひっ
4. ☐ **Hu**nd [húnt]　犬　　　　　　　　　☐ **hi**n [hín]　そこへ

2 [h]-[f] を含む単語を発音しましょう。

1. ☐ **H**und [húnt]　犬　　　　　　　　　　☐ **F**und [fúnt]　拾得物
2. ☐ **H**unde [húndə]　犬（pl.）　　　　　　☐ **F**unde [fúndə]　拾得物（pl.）
3. ☐ **H**ummeln [húm(ə)ln]　マルハナバチ（pl.）☐ **f**ummeln [fúm(ə)ln]　いじくり回す
4. ☐ **H**ülle [hýlə]　カバー　　　　　　　　☐ **F**ülle [fýlə]　多量
5. ☐ **H**ütte [hýtə]　小屋　　　　　　　　　☐ **F**utter [fútɐ]　えさ

3 次の文を du の命令形にしましょう。

1. Helfen Sie mir!　　　　　　　　*Hilf mir!*
2. Kommen Sie bitte hierher!　　　_____!
3. Tragen Sie den Hut!　　　　　　_____!
4. Gehen Sie mit dem Hund spazieren!　_____!
5. Hören Sie gut zu!　　　　　　　_____!

ステップ3

次の早口言葉（　）の部分を聞き取りましょう。
その後，発音しましょう。

Hinter **H**ermann **H**annes **H**aus **h**ängen **h**undert (　　　) raus, **h**undert (　　　) **h**ängen raus, **h**inter **H**ermann **H**annes **H**aus.

ヘルマン・ハネの家の裏には100枚のシャツがかかっています。100枚のシャツがヘルマン・ハネの家の裏にかかっています。

1. **H**unde　　2. **H**efte　　3. **H**emden

Lektion 26
[j]

[i] より狭める！

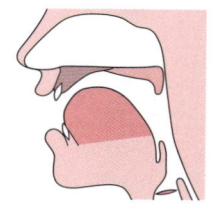

ja [já:]
はい

> **ポイント** [j] では舌を天井部分に近づけて [i] よりも狭い空間を作ります。[j] は摩擦音ですので，操音が聞こえるぐらいに近づけて発音します。あまり近づけ過ぎて閉じないように気をつけましょう。日本語の「ヤ」「ユ」「ヨ」の子音部分にあたります。

① [j] を含む単語を発音しましょう。

- ☐ **J**uni [jú:ni:]　　6月
- ☐ **J**apan [já:pan]　日本
- ☐ **j**etzt [jétst]　　今
- ☐ **j**ung [júŋ]　　若い

② 色付きの部分が [j] か [i] かを聞いて，どちらかに ✓ を入れましょう。続いて発音しましょう。

	[j]	[i]		
1.	☐	☐	Fam**i**lie	家族
2.	☐	☐	Van**i**lle	バニラ
3.	☐	☐	Lekt**i**on	（教科書の）課
4.	☐	☐	**j**unior	年少の

③ 次の単語を発音しましょう。

j はフランス語からの外来語では [ʒ]（S.60, 61参照），英語からの外来語では [dʒ] と発音します。

- ☐ **J**oggen [dʒɔ́gən]　ジョギングする
- ☐ **J**azz [dʒés]　ジャズ
- ☐ **J**eans [dʒí:ns]　ジーンズ
- ☐ **J**ob [dʒɔ́p]　アルバイト

Lektion 27
[p͡f]

[p]の形にしてからすぐに[f]と言う！

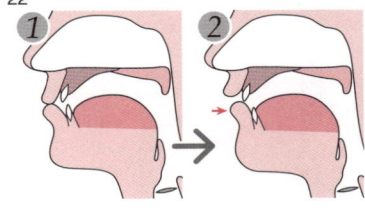

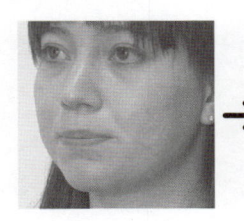

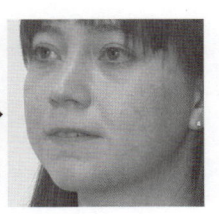

Pfund [p͡fúnt]
ポンド

CD2 21
CD2 22

ポイント
[p]の破裂と同時に口を[f]の形にして下唇の内側と上歯の間から息を吐き出します。[p]はほとんど聞こえません。口を[f]の形にしておいて[p]を一瞬唇に添えるようにするとドイツ語らしい音になります。この音を破擦音といいます。

① [p͡f]を含む単語を発音しましょう。

- ☐ **Pf**erd [p͡féːɐ̯t]　馬
- ☐ **Pf**effer [p͡féfɐ]　こしょう
- ☐ A**pf**el [ápf(ə)l]　りんご
- ☐ Ko**pf** [kɔ́p͡f]　頭

② [p͡f]-[f]を含む単語を発音しましょう。

1. ☐ **Pf**ahl [p͡fáːl]　杭　　☐ **f**ahl [fáːl]　（色彩の）薄い
2. ☐ **Pf**and [p͡fánt]　担保　☐ **f**and [fánt]　見つけた（findenの過去形）
3. ☐ **Pf**und [p͡fúnt]　ポンド(500g)　☐ **F**und [fúnt]　取得物
4. ☐ **Pf**ade [p͡fáːdə]　小道（pl.）　☐ **f**ade [fáːdə]　味のない

③ 次の早口言葉の（　）の部分を聞き取りましょう。その後，発音しましょう。

Ich stecke meinen Ko**pf** in einen ku**pf**ernen (　　), in einen ku**pf**ernen (　) stecke ich meinen Ko**pf**.

　　私は自分の頭を銅製の鍋に入れる，銅製の鍋に私の頭を入れる。

　　1. To**pf**　　2. tro**pf**t　　3. Ko**pf**

Lektion 28
[ts]

「ツ」よりも強く言う！

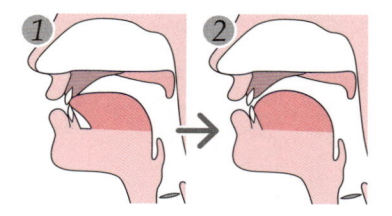

Zeit [tsáɪt]
時間

[ts] では，[t] の破裂と同時に摩擦音 [s] を発音します。この音も破擦音です。日本語の「ツ」のように母音を含めた [tsu] とならないように，子音部分だけを発音しましょう。

1 [ts] を含む単語を発音しましょう。

z	☐ tanzen [tánts(ə)n] 踊る		☐ zwölf [tsvœlf]	12
ds	☐ abends [á:b(ə)nts] 毎晩, 晩に		☐ nirgends [nɪʁgənts] どこでも…ない
ts	☐ rechts [ʁɛçts] 右に		☐ nichts [nɪçts] ひとつも…ない
tz	☐ Katze [kátsə] 猫		☐ trotz [tʁóts] にもかかわらず
t(ion)	☐ Station [ʃtatsióːn] 駅		☐ Position [pozitsióːn] 位置

2 [ts] と他の子音との組み合わせを発音しましょう。

[tsv]　☐ zwischen [tsvíʃ(ə)n] の間に　☐ zwei [tsváɪ] 2
[tst]　☐ Arzt [áʁtst] 医者　☐ jetzt [jétst] 今

3 語末の [n] や [l] に続く [s] の組み合わせは，はっきり聞こえるように [ts] と発音することもあります。[ts] を入れて発音しましょう。

1. ☐ eins [áɪnts] 1　☐ teils [táɪlts] 部分的に
2. ☐ Hans [hánts] ハンス　☐ Hals [hálts] 首
3. ☐ ans [ánts] …の側に　☐ als [álts] …したとき

Lektion 29
[tʃ]

唇を突き出して「チュ」という！

deutsch [dɔ́ɪtʃ] ドイツの

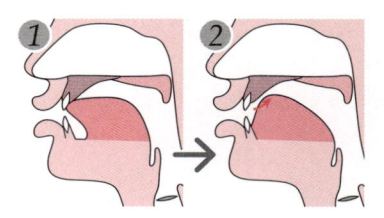

> **ポイント**
> [tʃ] では [t] と [ʃ] をほぼ同時に発音します。日本語の「チャ・チュ・チェ・チョ」の子音部分に似ています。日本語よりも唇を丸め、舌先は [t] を発音するときよりも多少奥におきます。[t] の発音と同時に舌先から [ʃ] を出すように息を吐き出します。[tʃ] も破擦音です。

1 [tʃ] を発音しましょう。

- □ **tsch**üss [tʃýs] さようなら
- □ deu**tsch** [dɔ́ɪtʃ] ドイツの
- □ **tsch**au [tʃáʊ] さようなら
- □ kla**tsch**en [klátʃ(ə)n] 拍手する

2 [tʃ]-[t(s)ç, çt] を含む単語を発音しましょう。

1. □ pla**tsch**en [plátʃ(ə)n] 破裂する □ Plä**tzch**en [plétsç(ə)n] 小広場
2. □ ma**tsch**en [mátʃ(ə)n] ばちゃばちゃ飛ばす □ Mä**dch**en [métç(ə)n] 女の子
3. □ ru**tsch**en [ʁútʃ(ə)n] すべる □ Hü**tch**en [hýːtç(ə)n] 小さな帽子
4. □ tra**tsch**en [tʁátʃ(ə)n] おしゃべりをする □ Tra**ch**ten [tʁáçt(ə)n] 民族衣装(pl.)

3 次の早口言葉の（ ）の部分を聞き取りましょう。その後、発音しましょう。

Zwischen zwei Zwe**tsch**genzweigen sitzen zwei ( ) **tsch**echisch zwi**tsch**ernde Zwergschwalben.

プラムの木の2本の枝の間に2羽のくちばしの黒いチェコ語でさえずっている小ツバメが座っている。

1. ziemlich schwarze 2. zechenschwarze 3. singende

Lektion 30
[kv]

良く使われる子音の組み合わせ

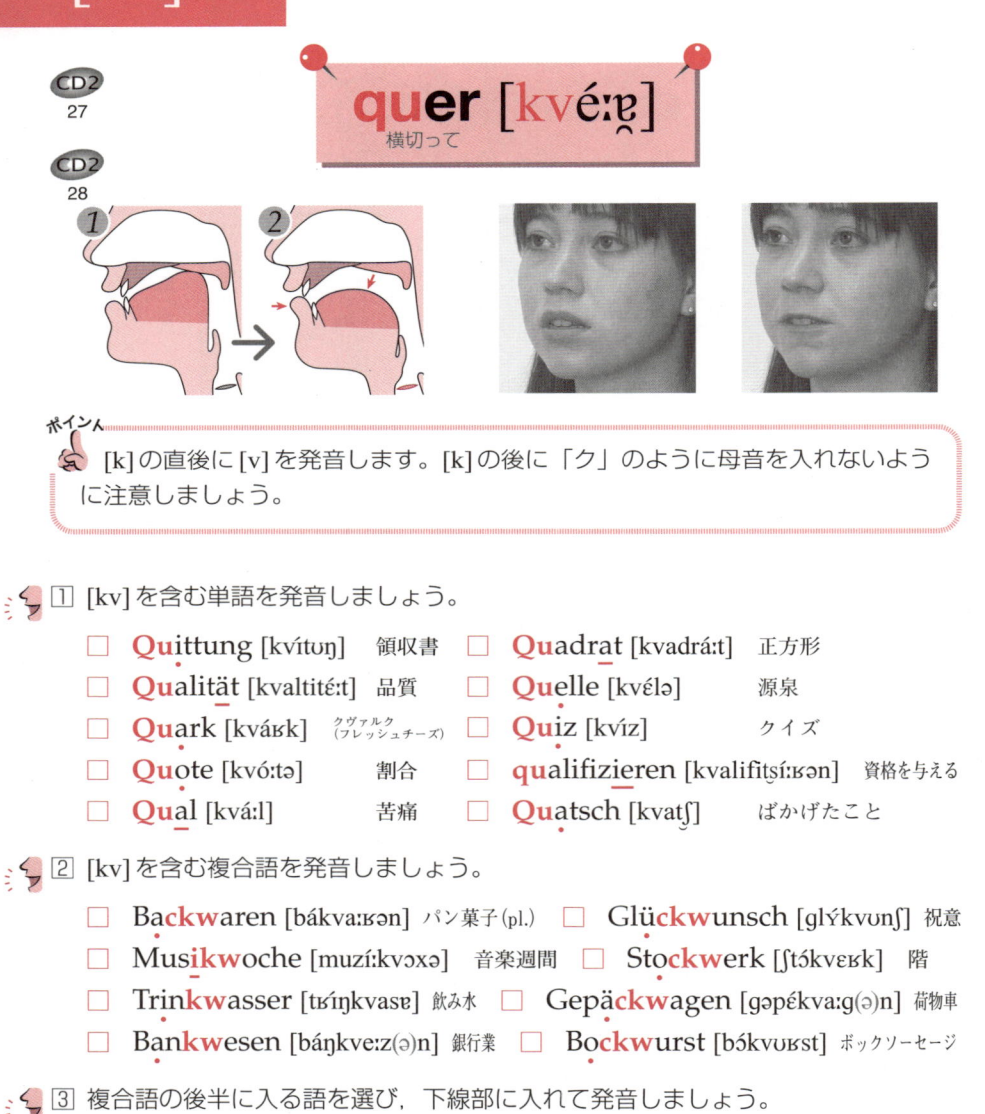

quer [kvéːɐ̯]
横切って

[k]の直後に[v]を発音します。[k]の後に「ク」のように母音を入れないように注意しましょう。

① [kv]を含む単語を発音しましょう。

- ☐ **Qu**ittung [kvítʊŋ] 領収書
- ☐ **Qu**adrat [kvadráːt] 正方形
- ☐ **Qu**alität [kvaltitέːt] 品質
- ☐ **Qu**elle [kvélə] 源泉
- ☐ **Qu**ark [kváʁk] クヴァルク（フレッシュチーズ）
- ☐ **Qu**iz [kvíz] クイズ
- ☐ **Qu**ote [kvóːtə] 割合
- ☐ **qu**alifizieren [kvalifitsíːʁən] 資格を与える
- ☐ **Qu**al [kváːl] 苦痛
- ☐ **Qu**atsch [kvatʃ] ばかげたこと

② [kv]を含む複合語を発音しましょう。

- ☐ Ba**ckw**aren [bákvaːʁən] パン菓子 (pl.)
- ☐ Glü**ckw**unsch [glýkvʊnʃ] 祝意
- ☐ Mus**ikw**oche [muzíːkvɔxə] 音楽週間
- ☐ Sto**ckw**erk [ʃtɔ́kvɛʁk] 階
- ☐ Tri**nkw**asser [tʁíŋkvasɐ] 飲み水
- ☐ Gepä**ckw**agen [ɡəpέkvaːɡ(ə)n] 荷物車
- ☐ Ba**nkw**esen [báŋkveːz(ə)n] 銀行業
- ☐ Bo**ckw**urst [bɔ́kvʊʁst] ボックソーセージ

③ 複合語の後半に入る語を選び，下線部に入れて発音しましょう。

-wetter -waren -weite -weg

1. Diese Plastik_____ sind auch für die Mikrowelle geeignet.
2. Das Hochdruck_____ hält noch an und die Sonne scheint.
3. Auf dem Rück_____ hole ich mir noch etwas Gemüse.
4. Kein anderes Haus war in Blick_____.

Lektion 31
[ks]

良く使われる子音の組み合わせ

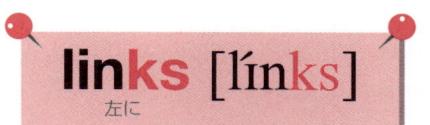

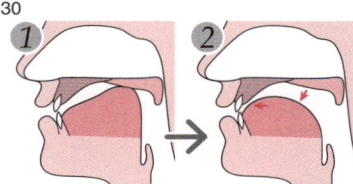

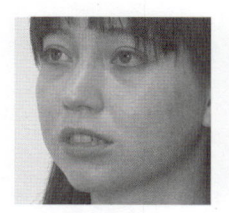

links [líŋks]
左に

ポイント
[k] の直後に [s] を発音します。「ク」のように [k] の後に母音を入れないように注意しましょう。

① [ks] を含む単語を発音しましょう。

ks	☐ links [líŋks] 左	☐ Keks [ké:ks]	クッキー
gs	☐ mittags [mítaːks] 昼に	☐ unterwegs [ʊntɐvéːks]	途中で
x	☐ Taxi [táksi] タクシー	☐ Text [tékst]	テクスト
	☐ Lexikon [léksikɔn] 事典	☐ Examen [ɛksáːmən]	試験
chs	☐ sechs [zéks] 6	☐ Fuchs [fʊ́ks]	キツネ
	☐ Lachs [láks] サケ	☐ wachsen [váks(ə)n]	成長する

② ( ) の動詞を人称変化させ，主語を du にした文を完成させましょう。

1. _____ du es bitte noch einmal? (sagen)
2. _____ du bitte mal den Chef? (fragen)
3. _____ du mir den Weg? (zeigen)
4. _____ du mir noch eine E-Mail? (schicken)
5. _____ du mich morgen um acht? (wecken)

③ 早口言葉を言いましょう。

Der Wachsmaskenmacher macht Wachsmasken aus Wachsmaskenwachs.

蝋マスク職人は蝋マスクを蝋マスクワックスから作る。

子音配列

日本人は，複数の子音が連続する際に，子音の間に母音を入れて発音する傾向があります。日本語のほとんどの音節が母音に終わるためです（「ん」，「っ」を除く）。次のようなドイツ語によくある子音の組み合わせを使って，子音が連続する単語の発音を練習しましょう。

語頭の組み合わせ

▶ K1（子音1）+ K2（子音2）の組み合わせ　CD2　31

K1 \ K2	p/b	t/d	k/g	f/v	s/z	ʃ	ç, x, m, n, ŋ, l, ʀ
p/b	-	-	-	-	-	Spiel	-
t/d	-	-	-	-	-	Stunde	-
k/g	-	-	-	-	Skizze	-	-
f/v	-	-	Quelle	-	-	schwer	-
s/z	psychisch	-	-	-	-	-	-
ʃ	-	-	-	-	-	-	-
ç	-	-	-	-	-	-	-
m	-	-	-	-	-	schmal	-
n	-	-	Knie / Gnade	-	-	schnell	-
l	Platz / blau	-	klein / gleich	Fluss	-	schlank	-
ʀ	Preis / braun	treu / drei	Kraft / Gramm	Frau / Wrack	-	schreiben	-

▶ [ʃ] との組み合わせ　CD2 32

[ʃp]	sp	☐ **Sp**ort [ʃpɔ́ʁt] スポーツ	☐ **Sp**aß [ʃpáːs] 冗談
		☐ **Sp**iegel [ʃpíːgəl] 鏡	
[ʃt]	st	☐ **St**adt [ʃtát] 街	☐ **St**ern [ʃtɛ́ʁn] 星
		☐ **St**ein [ʃtáɪn] 石	
[ʃv]	schw	☐ **Schw**ester [ʃvéstɐ] 姉妹	☐ **schw**ach [ʃváx] 弱い
		☐ **schw**immen [ʃvímən] 泳ぐ	
[ʃm]	schm	☐ **schm**ecken [ʃmék(ə)n] …の味がする	☐ **Schm**erz [ʃmɛ́ʁts] 痛み
		☐ **Schm**uck [ʃmúk] 装飾品	
[ʃn]	schn	☐ **Schn**upfen [ʃnúpf(ə)n] 鼻風邪	☐ **Schn**ee [ʃnéː] 雪
		☐ **schn**eiden [ʃnáɪd(ə)n] 切る	
[ʃl]	schl	☐ **schl**afen [ʃláːf(ə)n] 寝る	☐ **schl**echt [ʃléçt] 悪い
		☐ **schl**imm [ʃlím] ひどい	
[ʃʁ]	schr	☐ **Schr**itt [ʃʁít] 歩み	☐ **Schr**ank [ʃʁáŋk] 戸棚
		☐ **schr**eiben [ʃʁáɪb(ə)n] 書く	

▶ [p/b] との組み合わせ　CD2 33

[pl]	pl	☐ **Pl**an [pláːn] 計画	☐ **pl**us [plús] プラス
		☐ **Pl**atz [pláts] 場所	
[bl]	bl	☐ **bl**ass [blás] 青白い	☐ **Bl**eistift [bláɪʃtɪft] 鉛筆
		☐ **Bl**ume [blúːmə] 花	
[pʁ]	pr	☐ **pr**aktisch [pʁáktɪʃ] 実用的な	☐ **Pr**oblem [pʁobléːm] 問題
		☐ **Pr**üfung [pʁýːfʊŋ] 試験	
[bʁ]	br	☐ **br**auchen [bʁáʊx(ə)n] 必要とする	☐ **br**ingen [bʁíŋən] 運ぶ
		☐ **Br**uder [bʁúːdɐ] 兄弟	

▶ [t/d] との組み合わせ　CD2 34

| [tʁ] | tr | ☐ **Tr**aum [tʁáʊm] 夢 | ☐ **tr**effen [tʁéf(ə)n] 会う |
| | | ☐ **tr**inken [tʁíŋk(ə)n] 飲む | |

| [dʁ] | dr | ☐ draußen [dʁáʊs(ə)n] 外の
☐ drucken [dʁúk(ə)n] 印刷する | ☐ dritt [dʁít] 3番目の |

▶ [k/g] との組み合わせ CD2 35

[kn]	kn	☐ knapp [knáp] 乏しい ☐ Knabe [kná:bə] 少年	☐ Knopf [knópf] ボタン
[kl]	kl	☐ klar [kláːʁ] 明らかな ☐ klopfen [klópf(ə)n] ノックする	☐ klug [klúːk] 利口な
[gl]	gl	☐ Glas [gláːs] ガラス ☐ Glück [glýk] 幸福	☐ Glocke [glókə] 鐘
[kʁ]	kr	☐ Kreis [kʁáɪs] 円 ☐ Krieg [kʁíːk] 戦争	☐ krank [kʁáŋk] 病気の
[gʁ]	gr	☐ grau [gʁáʊ] 灰色 ☐ grün [gʁýːn] 緑の	☐ groß [gʁóːs] 大きな

▶ [f] との組み合わせ CD2 36

| [fl] | fl | ☐ Flasche [fláʃə] ビン
☐ Fleisch [fláɪʃ] 肉 | ☐ fliegen [flíːg(ə)n] 飛ぶ |
| [fʁ] | fr | ☐ Frage [fʁáːgə] 質問
☐ früh [fʁýː] 早い | ☐ frisch [fʁíʃ] 新鮮な |

▶ K1＋K2＋K3の組み合わせ CD2 37

[ʃtʁ]	str	☐ Straße [ʃtʁáːsə] 道 ☐ Strumpf [ʃtʁúmpf] 靴下	☐ streng [ʃtʁéŋ] 厳しい
[ʃpʁ]	spr	☐ Sprache [ʃpʁáːxə] 言語 ☐ Spruch [ʃpʁúx] 格言	☐ springen [ʃpʁíŋ(ə)n] 跳ぶ
[ʃpl]	spr	☐ Splitt [ʃplít] 小砂利	

語末・音節末 CD2 38

K1\K2	p	t	k	f	s	ʃ	ç	x	m	n	ŋ	l	ʁ
p	-	-	-	-	-	-			Schrimp	-		halb	Verb
t	Konzept / Abt		Akt / sagt	Luft	Fest		Recht	Nacht	stimmt	Student / Abend	bedingt	Umwelt / Bild	Wort / Pferd
k	-	-	-	-	Kiosk	-	-		-		Dank	Volk	stark / Berg
f	-								fünf			zwölf	scharf / Nerv
s	Schnaps / Krebs	-	links	-	-	-			Sims	Gans	längs	als	Vers
ʃ	hübsch	-	-	-	-	-			Ramsch	Wunsch		falsch	Hirsch
ç	-	-	-	-	-	-			-	Mönch		Milch	durch
m	-	-	-	-	-	-			-	-		Film	Form
n	-	-	-	-	-	-			-	-		segeln	fern
l	-	-	-	-	-	-			-	-			Kerl
ʁ	-	-	-	-	-	-						-	

▶ [p] との組み合わせ CD2 39

[pt]   pt   ☐ Reze**pt** [ʁetsépt] レシピ   ☐ Hau**pt** [háʊpt] 頭, 長
       bt   ☐ A**bt** [ápt] 大修道院長   ☐ lie**bt** [líːpt] 愛する

[ps]   ps   ☐ Gi**ps** [gíps] ギプス   ☐ Schna**ps** [ʃnáps] 火酒
       bs   ☐ Kre**bs** [kréːps] がん

▶ [k] との組み合わせ CD2 40

[kt]   kt   ☐ dire**kt** [diʁékt] 直接の
       gt   ☐ le**gt** [léːkt] 横にする   ☐ fra**gt** [fʁáːkt] 質問する

▶ [f] との組み合わせ CD2 41

[ft]   ft   ☐ Schri**ft** [ʃʁíft] 文字   ☐ Sti**ft** [ʃtíft] 筆記用具   ☐ Sa**ft** [záft] ジュース

▶ [s] との組み合わせ　CD2 42

[st]　st　☐ Po**st** [póst] 郵便　　☐ Lu**st** [lúst] 意欲　　☐ Kun**st** [kúnst] 芸術

▶ [ç, x] との組み合わせ　CD2 43

[çt]　cht　☐ Unterri**cht** [úntɐʁɪçt] 授業　　☐ e**cht** [éçt] 本当の
　　　　　☐ Beri**cht** [bəʁíçt] 報告

[xt]　cht　☐ Fru**cht** [fʁʊ́xt] 果実　　☐ a**cht** [áxt] 8
　　　　　☐ verbrau**cht** [fɛɐ̯bʁáʊxt] 中古の

▶ [m] との組み合わせ　CD2 44

[mt]　mt　☐ A**mt** [ámt] 公職　　☐ besti**mmt** [bəʃtímt] 確実に
　　　md　☐ He**md** [hémt] シャツ　　☐ fre**md** [fʁémt] よその

▶ [n] との組み合わせ　CD2 45

[nt]　nt　☐ Präside**nt** [pʁɛzidént] 大統領　　☐ beka**nnt** [bəkánt] 周知の
　　　nd　☐ Ki**nd** [kínt] 子供　　☐ Wa**nd** [vánt] 壁

[nf]　nf　☐ Se**nf** [zénf] マスタード　　☐ fü**nf** [fýnf] 5

[ns]　ns　☐ ei**ns** [áɪns] 1　　☐ meiste**ns** [máɪst(ə)ns] たいていは

[nʃ]　nsch　☐ Me**nsch** [ménʃ] 人類　　☐ Wu**nsch** [vʊ́nʃ] 願い

[nç]　nch　☐ Mö**nch** [mœ́nç] 修道士　　☐ ma**nch** [mánç] かなりの

▶ [ŋ] との組み合わせ　CD2 46

[ŋk]　nk　☐ Geshe**nk** [ɡəʃéŋk] 贈り物　　☐ Geträ**nk** [ɡətʁéŋk] 飲み物

[ŋs]　ngs　☐ anfa**ngs** [ánfaŋs] 初めに　　☐ lä**ngs** [léŋs] 縦に

▶ [l]との組み合わせ　CD2 47

[lp]	lb	☐ gelb [gέlp] 黄色	☐ Kalb [kálp] 子牛
[lt]	lt	☐ alt [ált] 古い	☐ Welt [vέlt] 世界
	ld	☐ Bild [bílt] 絵	☐ Geld [gέlt] 金銭
[lk]	lk	☐ Volk [fɔ́lk] 民族	
	lg	☐ Erfolg [εrfɔ́lk] 成功	
[lf]	lf	☐ elf [έlf] 11	☐ Wolf [vɔ́lf] オオカミ
[lç]	lch	☐ Milch [mílç] 牛乳	☐ solch [zɔ́lç] そのような
[ln]	ln	☐ angeln [áŋ(ə)ln] 釣る	☐ lächeln [lέç(ə)ln] ほほ笑む

▶ [r]との組み合わせ　CD2 48

[ʁp]	rb	☐ herb [hέʁp] 渋い	☐ Korb [kɔ́ʁp] カゴ
[ʁt]	rt	☐ Konzert [kɔntsέʁt] コンサート	☐ sofort [zofɔ́ʁt] すぐに
[ʁk]	rk	☐ Park [páʁk] 公園	☐ stark [ʃtáʁk] 力強い
	rg	☐ Berg [bέʁk] 山	☐ Burg [búʁk] 城塞
[ʁf]	rf	☐ Dorf [dɔ́ʁf] 村	☐ scharf [ʃáʁf] 鋭い
	rv	☐ Nerv [nέʁf] 神経	
[ʁm]	rm	☐ arm [áʁm] 貧しい	☐ Turm [túʁm] 塔

▶ K1 + K2 + K3 49

K2K3 \ K1	p	k	n	ŋ	l	r
kt	-	-		Punkt		Markt
ft			Zukunft			
st	Herbst	Axt	ernst	Angst	Wulst	Wurst
tst						Arzt
çt						Furcht

50

[pst]	pst	☐ O**bst** [óːpst] 果物	☐ Pa**pst** [páːpst] ローマ法王
	bst	☐ sel**bst** [zélpst] 自分自身で	☐ Her**bst** [hέʁpst] 秋
[nft]	nft	☐ Zuku**nft** [tsúːkʊnft] 未来	☐ Ausku**nft** [áʊskʊnft] 情報
[nst]	nst	☐ Ku**nst** [kʊ́nst] 芸術	☐ so**nst** [zɔ́nst] さもないと
[ŋkt]	nkt	☐ Pu**nkt** [pʊ́ŋkt] 点	☐ beschrä**nkt** [bəʃʁέŋkt] 制限された
[ŋst]	ngst	☐ A**ngst** [áŋst] 不安	
[ʁst]	rst	☐ Du**rst** [dʊ́ʁst] (のどの)渇き	☐ Wu**rst** [vʊ́ʁst] ソーセージ
[ʁtst]	rtst	☐ A**rzt** [áʁtst] 医者	
[ʁçt]	rcht	☐ Fu**rcht** [fʊ́ʁçt] 恐れ	

第4章
実践編

アクセントとイントネーション

Akzent und Intonation

　これまでの章では個々の母音，子音，そしてその組み合わせの発音の仕方を学んできました。それぞれの音が正しく発音できることが基本ですが，相手に自分の意区することを正しく伝えるためには，同時にアクセントやイントネーションにも気をつけることが必要です。前章までの母音や子音を復習しながら，さらにアクセントの位置やイントネーションにも気を配りましょう。

I. 語アクセント

「アクセント」とは，音の高さ，強さ，長さを用いて「際立たせる」ことです。「語アクセント」とは，語中の特定の音節が際立つことをいいます（S.20 参照）。

練習問題 1 語アクセントはどこにありますか？
アクセントのある音節に印をつけましょう。

1. kom-men　　be-kom-men　　vor-kom-men
2. hö-ren　　　ge-hör-en　　　auf-hö-ren
3. brin-gen　　ver-brin-gen　　mit-brin-gen
4. Kar-te　　　Fahr-kar-te　　　Kar-ten-spiel
5. Rei-se　　　Bus-rei-se　　　Rei-se-bü-ro
6. Mu-sik　　　mu-si-zie-ren　　mu-si-ka-lisch
7. Stu-dent　　Stu-den-tin　　　stu-die-ren
8. Bä-cker　　Bä-cke-rei　　　Bä-cker-meis-ter

練習問題 2 次の２つの語のうちどちらが聞こえますか？
どちらかを聞き取って✓をつけましょう。

1. ☐ úm|fahren　　回り道をする　　☐ umfáhren　　周りを（乗り物で）回る
2. ☐ úber|setzen　向こう岸へ渡す　☐ übersétzen　翻訳する
3. ☐ wíeder|holen　取り返す　　　☐ wiederhólen　繰り返す
4. ☐ únter|stellen　下に置く　　　☐ unterstéllen　配下におく
5. ☐ úber|legen　　掛ける　　　　☐ überlégen　　考える
6. ☐ jédermann　　誰でも　　　　☐ jeder Mánn　どの男も
7. ☐ Vórmittag　　午前　　　　　☐ vor Míttag　　正午前に
8. ☐ Náchmittag　　午後　　　　　☐ nach Míttag　正午後に
9. ☐ Méerwasser　海水　　　　　☐ mehr Wásser　もっと水を
10. ☐ éinladen　　　招待する　　　☐ ein Láden　　店

＊ 1.〜8. の um, über, wieder, unter, durch は非分離・分離前つづりです。このような前つづりを持つ動詞を非分離・分離動詞といいます。非分離動詞・分離動詞の区別は，アクセントが前つづりにあるか（分離動詞）それとも動詞にあるか（非分離動詞）によります。

Ⅱ. 文アクセント

1. 通常の文アクセント

　前後の文脈や話し手の意図により最も伝えたい情報を持つ語には文アクセントがつき，高く（低く*）発音します。たいていの場合，質問文の疑問詞を通して何が聞きたいかが判断できます。

＊高さ・低さのどちらを使うかは，イントネーションと関係がありますのでS.93～を参照してください。

　　Wo wohnst du?　　　　　　　どこに住んでいますか？

　　Ich wohne in München.　　　ミュンヘンに住んでいます。

　この文では「どこに（wo）？」という問いに対して「München」が最も伝えたい内容ですので，答えの「München」の「Mü」を強く，そして高く発音します。「文アクセント」がつく語は「強い」だけでなく，「高く（低く）」することで文意を表します。つまりドイツ語では，単語そのもののアクセントは主に「強さ」で表しますが，どのような意図を伝えたいかということは「高さ（低さ）」で表しますので，アクセントのある語は，「強く」そして同時に「高く（低く）」発音します。

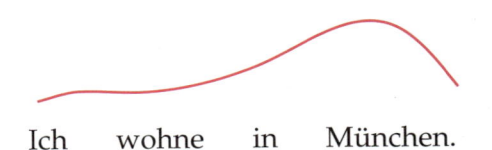

　　Ich　　wohne　　in　　München.

　この文ではwohneに語アクセントが保たれているので強く発音しますが，代名詞のichや前置詞のinは比較的軽く，速く発音します。このように文中の単語は「語アクセント」の保たれる品詞とそうでない品詞に区別されます。語アクセントのつく品詞は，「文アクセント」を担うことができますが，つかない品詞には原則として「文アクセント」がつきません（例外はS.92「対立的な文アクセント」参照）。

☞ 通常，文アクセントを担う品詞：名詞，動詞，形容詞，副詞，数詞など
☞ 通常，文アクセントを担わない品詞：冠詞，代名詞，前置詞，接続詞，助動詞など

練習問題 3 疑問詞に対する答えの文に気をつけながら発音しましょう。
（＿＿ は文アクセント位置，…… は語アクセントが保たれる位置です。）

1. <u>Wie</u> heißt du?　　　　　　　君の名前は何といいますか？
   Ich heiße <u>Klaus</u>.　　　　　　僕の名前はクラウスです。
2. <u>Wann</u> kommen Sie?　　　　　いつ来られますか？
   Ich komme um <u>7</u>.　　　　　　7時に行きます。
3. <u>Wohin</u> fahren Sie?　　　　　あなたはどこに行きますか？
   Ich fahre zur <u>Uni</u>.　　　　　私は大学に行きます。
4. <u>Womit</u> fahren Sie zur Uni?　あなたは何で大学に行きますか？
   Ich fahre mit dem <u>Bus</u> zur Uni.　私はバスで大学に行きます。
5. <u>Was</u> schenkst du Eva?　　　　君はエヴァに何をプレゼントしますか？
   Ich schenke ihr eine <u>CD</u>.　　私は彼女にCDをプレゼントします。
6. <u>Wem</u> schenkst du die CD?　　君は誰にCDをプレゼントしますか？
   Ich schenke sie <u>Eva</u>.　　　　私はエヴァにそれをプレゼントします。

2. 対立的な文アクセント

意味の対立をなす語に対しては「文アクセント」が通常つかないところでも，その位置を特に高く（低く）発音して際立たせます。

1. Was kostet <u>diese</u> Bluse?
   このブラウスはいくらですか？（他のブラウスではなく）
2. Kannst <u>du</u> es nicht machen?
   君がやってくれないか？（他の人ではなく）
3. Die <u>zweite</u> von links (nicht die erste).
   左から2つ目のもの（最初のものではなく）。
4. Er hat einen <u>Bleistift</u> gekauft (keinen Kugelschreiber).
   彼は鉛筆を買った（ボールペンではなく）。
5. Ich bin <u>eingestiegen</u> (nicht ausgestiegen).
   私は乗り込んだ（降りたのではなく）。

3. 感情的な文アクセント

驚きや怒りなどの感情を表す場合は「文アクセント」となるところを特に高くします（＿＿）。悲しみを表す場合は声を押し殺すように発音します（〰〰）。

1. Lass das!
   ほうっておけ。

2. Wie schön die Blumen sind!
   何ときれいな花でしょう。

3. Ich bin so glücklich!
   私はとても幸せです。

4. Ich mag die Farbe nicht.
   私はその色が好きではない。

5. Wie schade!
   残念だな。

Ⅲ. イントネーション

　イントネーション（文メロディー）とは，文全体のピッチ（声の高さ）の変化のことです。
　文アクセントの位置から文末までのピッチの上がり下がりを文末イントネーション（文末メロディー）といいます。ピッチは文構造と発話意図と関係します。上がるときは，相手に応答を求めている場合で，疑問文などで使われます。丁寧な意味合いを表す際にも上がります。下がる場合は，いったんそこで意味のまとまりが終結していることをあらわし，平叙文や命令文などにあらわれます。

- 下降調 fallend ↘：内容が完結していることを表し，断定するときにも使われます。平叙文，命令文，感嘆文に用いられ，補足疑問文（疑問詞つきの疑問文）では事務的な意味が添えられます。

- 上昇調 steigend ↗：丁寧な依頼や勧誘，呼び掛けなど，相手からの応答を期待する場合や，答えを求める疑問文に使われ，決定疑問文（ja, nein で答える疑問文）などにあらわれます。

- 平坦調 gleichbleibend →：ポーズやコンマの後など，話が終わっていないことを表します。不確かさも表すことができ，断定を避けるようなあいまいな意味が込められます。ピッチはほとんど変化しませんが，上昇したとしてもわずかです。

1. 平叙文と決定疑問文

> a. 下降調： Gabi kommt.　　（平叙文）　　ガービーは来る。
> b. 上昇調： Kommt Gabi?　　（決定疑問文）　ガービーは来る？

　平叙文の a. Gabi kommt では，「Gabi が来る」という完結した意味を表す文ですので，文アクセントのある Gabi から次第に文末に向かってピッチが下がってきます。決定疑問文 b. Kommt Gabi? は問いの文ですので，文アクセント位置にある Gabi でいったん下がり，そして文末に向かって上がります。

練習問題 4　決定疑問文では文末は上がり，平叙文では下がります。次の文はどちらの意味で話されているでしょうか？ CD を聞いて a. b. のいずれかに✓を入れましょう。

1. ☐ a. Sie kennen Klaus.　　　　　　（あなたは）クラウスを知っています。
   ☐ b. Sie kennen Klaus?　　　　　　（あなたは）クラウスを知っているのですか？
2. ☐ a. Sie sprechen Deutsch.　　　　（あなたは）ドイツ語を話します。
   ☐ b. Sie sprechen Deutsch?　　　　（あなたは）ドイツ語を話しますか？
3. ☐ a. Es regnet heute.　　　　　　　今日は雨が降ります。
   ☐ b. Es regnet heute?　　　　　　　今日は雨が降りますか？
4. ☐ a. Er kann Fußball spielen.　　　彼はサッカーができます。
   ☐ b. Er kann Fußball spielen?　　　彼はサッカーができるんですか？

2. 命令文と決定疑問文

> Kommen Sie!　↘　（命令文）　　来てください。
> Kommen Sie?　↗　（疑問文）　　（あなたは）来ますか？

　命令文では命令や要求，禁止などの強い意味合いを表しますので文末は下がります。同じ文構造をもつ文の文末を上げると疑問文になります。

練習問題 5　次の文はどちらの意味で話されているでしょうか。CD を聞いて a. b. のいずれかに✓を入れましょう。

1. ☐ a. Gehen Sie nach Hause?　　　あなたは家に帰りますか？（疑問文）
   ☐ b. Gehen Sie nach Hause!　　　家に帰りなさい。（命令文）

2. ☐ a. Gibst du mir das Buch? その本をくれますか？（疑問文）
   ☐ b. Gib mir das Buch! その本をくれ。（命令文）
3. ☐ a. Trinkt ihr jeden Tag Milch? （君たちは）毎日牛乳を飲みますか？（疑問文）
   ☐ b. Trinkt jeden Tag Milch! （君たち）毎日牛乳を飲みなさい。（命令文）

3. 平叙文と補足疑問文

　平叙文の文末は通常下がりますが，上げると驚きや懐疑的な意味合いになります。補足疑問文（疑問詞のある疑問文）も通常，文末は下がりますが，友好的な意味合いや丁寧な言い方を示す場合にはピッチを上げます。

> Du kommst. ↘ 君は来る。
> Du kommst? ↗ 君は来るの？（驚きあるいは懐疑的な意味合いで）
> Wie heißen Sie? ↘ あなたの名前は何ですか？（補足疑問文）
> Wie heißen Sie? ↗ （友好的な意味合いの補足疑問文）

練習問題 6　次の文はどちらの意味で話されているでしょうか。
CDを聞いてa. b.のいずれかに✓を入れましょう。

1. ☐ a. Wir trinken Bier? 私たちはビールを飲むのですか？
   ☐ b. Wir trinken Bier. （私たちは）ビールを飲みます。
2. ☐ a. Heute trägt er ein T-Shirt? 彼は今日Tシャツを着ているのですか？
   ☐ b. Heute trägt er ein T-Shirt. 彼は今日Tシャツを着ています。
3. ☐ a. Was machen Sie? あなたは何をしますか？
   ☐ b. Was machen Sie? あなたは何をしますか？（友好的に）
4. ☐ a. Wohin gehst du? 君はどこに行くの？
   ☐ b. Wohin gehst du? 君はどこに行くの？（友好的に）

練習問題 7　CDを聞いてどちらかに下降調 ↘ か上昇調 ↗ かの印を入れましょう。

1. Das ist schwierig. ☐
2. Wann gehen wir? ☐
3. Jetzt geht es nicht. ☐
4. Was meinen Sie dazu? ☐
5. Genaueres weiß man nicht. ☐

4. ていねいな疑問文

決定疑問文を用いて丁寧な意味合いを出す場合は、文アクセント位置で上がり、その後文末ではいったん下がってからまた上がります。

> Möchten Sie es anprobieren? ↘↗ それを試着してみますか？
>
> Habt ihr Fragen dazu? ↘↗ 君たちそれについての質問ある？

次の文をていねいな疑問文で発音しましょう。
1. Mögen Sie Weißwurst?　白ソーセージは好きですか？
2. Können Sie zu mir kommen?　私のところに来てくれますか？

5. アクセント単位としての語群

比較的長い文ではいくつかの語のまとまりに分けることができますが、比較的短い文では、1文が1まとまりの語群になります。1文1まとまりの場合、文アクセントのつく1語（その中の1音節）だけを強調し、それ以外は速め・軽めに発音します。

> a. Komm!　　　　　　　来い！
> b. Komm mal mit!　　　一緒に来いよ！
> c. Komm doch mal mit!　一緒に来いったら！

a. Komm は1語ですので、ここにしかアクセントがつきませんが、b. Komm mal mit! では、分離前つづり mit にアクセントが移ります。mal にはアクセントがつきませんので軽く発音します。c. ではさらに doch が加わりますが、特に doch を強調しない限りアクセントのつかない mal と共に速め・軽めに発音します。

文が比較的長くなると、まとまりはいくつもできます。まとまりの中でアクセントのある単語は最低1つです。

a. (am Vórmittag)　　　　　午前中に
b. (an einem Vórmittag)　　ある日の午前中に
c. (an einem Vórmittag) (auf dem Márktplatz)
　　　　　　　　　　　　　ある日の午前中に市場広場で
d. (Wir wáren) (an einem Vórmittag) (auf dem Márktplatz).
　　　　　　　　　　　　　私たちはある日の午前中に市場広場にいました。

a. am Vormittagのように前置詞amと名詞Vormittagのまとまりではamにはアクセントがつかずに速めに発音し，アクセントのあるVormittagは強く，そして高く発音します。

b. an einem Vormittagのように冠詞のeinemを加えてもVormittagのみにアクセントがあることに変わりません。

c. auf dem Marktplatzが加わるとこれが新たなまとまりとなり，その中でMarktplatzのみにアクセントがつき，auf demにはアクセントをつけません。2つのまとまりのうち，最後のまとまりに文アクセントがくるため，この文ではMarktplatzが文アクセントを担います。

d. Wir warenのまとまりでは動詞warenにアクセントがつきます。この文の文アクセントは，最後のまとまりの中のMarktplatzです。
まとまりは，話すスピードにより変えることができますので，比較的ゆっくり発音して3つにわけることも（a.），2つに分けることも（b.），文アクセントのあるMarktplatzのみを残して一気に発音することもできます（c.）。

a. 3つのまとまり　(Wir wáren) (an einem Vórmittag) (auf dem Márktplatz).
b. 2つのまとまり　(Wir waren an einem Vórmittag) (auf dem Márktplatz).
c. 1つのまとまり　(Wir waren an einem Vormittag auf dem Márktplatz).

練習問題 8　下線部のアクセント位置に気をつけながら発音しましょう。
1文を1まとまりとしましょう。

1. Ich kann es.　　　　　　　　　　私はできる。
   Ich kann es machen.　　　　　　　私はそれができる。
   Ich kann es mal machen.　　　　　私はまあそれができる。

2. Ich habe es gesehen.　　　　　　私はそれを見た。
   Ich habe das Museum gesehen.　　私は博物館を見た。
   Ich habe das alte Museum gesehen.　私は古い博物館を見た。

3. Gehen wir?　　　　　　　　　　　行こうか？
   Gehen wir ins Kino?　　　　　　　映画館に行こうか？
   Gehen wir zusammen ins Kino?　　一緒に映画館に行こうか？

4. Trinkst du Tee?　　　　　　　　　紅茶を飲む？
   Trinkst du Tee mit Milch?　　　　　ミルク入りの紅茶を飲む？
   Trinkst du Tee mit Milch und Zucker?　ミルクと砂糖入りの紅茶を飲む？

練習問題 9　CDに続いて次の文を発音しましょう。

1. A: Hallo? ↗　　B: Hallo. ↘

2. A: Kommst du aus Tokyo? ↗
　　B: Nein, → aus Osaka. ↘

3. A: Und du? ↗
　　B: Ich komme aus Okinawa. ↘

練習問題 10　修学旅行に持っていくものを確認しています。CDに続いて次の文を発音しましょう。

Mutter	**Sebastian**
1. Kamm?（クシ？）	Kamm.
2. Handtücher?（タオル？）	Handtücher.
3. Taschengeld?（おこづかい？）	Taschengeld.
4. Pullover und Jeans?（セーターとジーンズ？）	Pullover und Jeans.
5. Zahnbürste und Zahnpasta?（歯ブラシと歯磨き？）	Zahnbürste und Zahnpasta.

| **発展** | 自然な発音を身につければ，聞き取り力もアップします！

音変化 （おんへんか）

phonostilistische Differenzierungen

　演説や講演，口頭発表など多くの人を相手に話す時には，なるべくはっきりとそして比較的ゆっくり発音しますが，親しい友人や家族との会話ではくだけた言い方で速めに話すため，音が変わってくることがあります。このように発話スタイルと発話速度による影響で音が変化することを「音変化」といいます。音変化では母音や子音が弱くなったり時には消えたり，前後の音の影響を受けて別の音に変わったりします。伝えたい情報ははっきりと発音しますが，話し手や聞き手にとってあらかじめ知っている情報やあまり重要でないものは速く・軽く発音します。通常の会話のスピードではすべての音を発音している時間がないため，そのような音変化が起きるのです。

　従って，音変化が起きるのは，主にアクセントがつかない音節です。音変化は以下の3種類を区別しますので，それらを覚えて自然な発音をし，聞き取ることもできるようにしましょう。

音変化には次の3種類を区別します：
1. 似た音になる（同化 Assimilation）
   in Bad [ɪnbáːt]　→　[ɪmbáːt]　浴室で

2. 音が消える（音脱落 Elision）
   haben [háːbən]　→　[háːbn̩]　持つ　　im Mai [ɪmmáɪ̯]　→　[ɪmáɪ̯]　5月に

3. 音が弱くなる（弱化 Reduktion）
   [déːn]　→　[dén]　→　[dón]　（定冠詞）

1. 同化

　隣り合った音がお互いに影響しあい，隣接する音と同じまたは似た調音位置や調音法に変化します。

1.1. 鼻音の同化

鼻音を続く子音と同じ調音位置に変えます。In Bad の [n] は，[b] と同じ「両唇音」の鼻音 [m] に変わります。[n] よりも [m] に変えた方が [b] へとつながる動きが滑らかになるからです。鼻音が直後の子音からの影響を受けるので，後ろから前に影響を与えるこの種の同化を「逆行同化」と言います。

in [ɪn]　Bad [báːt]

[n]（鼻音）　　[b]（両唇音）
↘　　↙
[m]（鼻音・両唇音）

1) [n] → [m]：[p, b, f, v] の直前（調音位置が唇に）

p の直前： ich bin Petra	[ɪç bɪn péːtʁa]	→	[ɪç bɪm péːtʁa]	私はペトラです。
b の直前： anbei	[anbáɪ]	→	[ambáɪ]	添えて
f の直前： Senf	[zénf]	→	[zémf]	マスタード
v の直前： ein wenig	[aɪnvéːnɪç]	→	[aɪmvéːnɪç]	少し

2) [n] → [ŋ]：[k, g] の直前（調音位置が軟口蓋に）

k の直前： Ankunft	[ánkʊnft]	→	[áŋkʊnft]	到着
g の直前： in Glas	[ɪn gláːs]	→	[ɪŋ gláːs]	グラスの中に

3) [n] のまま：[t, d] の直前（同じ調音位置）

t の直前： Antwort	[ántvɔʁt]		答え
d の直前： anders	[ándɐs]		ほかに

練習問題 1　下線部の鼻音に気をつけながら次の言いまわしを発音しましょう。

1. ein**m**al ist kein**m**al [aɪmmaːl ɪst kaɪmmaːl]　　1回は数に入らない
2. ei**n**en **g**uten **M**agen ha**b**en [aɪnəŋ guːt(ə)m maːg(ə)ŋ haːb(ə)m]
   　　　　　　　　　　　　　　　　　　　　　健啖家である
3. oh**n**e Fleiß kei**n** **P**reis [oːnə flaɪs kaɪm praɪs]　　努力なくして成功なし
4. ger**n** ei**n** **G**läschen tri**nk**en [gɛʁn aɪŋ glɛːsç(ə)n tʁɪŋk(ə)ŋ]
   　　　　　　　　　　　　　　　　　　　　　酒好きである
5. aus de**n** **K**leidern **f**allen [aʊs deŋ klaɪdɐm falən]　　やせこけている

＊… では鼻音が直後の破裂音と同じ調音位置に同化します。これを順行同化といいます。

1.2. 有声子音の同化

　無声子音の直後が有声子音であれば，その子音は無声化します。例えば dasselbe では，[daszɛlbə] の [z] が直前の無声子音 [s] の影響で [s] に近い無声音になります。ただし，[s] のように完全に無声化しません。これは意識して発音しなくても自然に正しく発音できます。ある音が直後の音に影響を与える，このような同化を「順行同化」といいます。

dasselbe [daszɛlbə]

[s]（無声音）　　　[z]（有声音）

[z̥]（無声化した音）　　＊ [̥] は無声化を表します。

[z] → [z̥]	wegsehen	[vékzeːən]	→	[vékz̥eːən]	目をそらす
[b] → [b̥]	Die Stadt Berlin	[diːʃtatbɛʁliːn]	→	[diːʃtatb̥ɛʁliːn]	ベルリンの街
[g] → [g̥]	ab Goslar	[apgóslaʁ]	→	[apg̥óslaʁ]	ゴスラーから
[l] → [l̥]	das Land	[daslánt]	→	[dasl̥ánt]	その国

練習問題 2　下線部に注意しながら無声化の練習をしましょう。

1. ausgehen aus Berlin [ausgeːən aus bɛʁliːn]　　ベルリンから出かける
2. nach dir [nax diːɐ̯]　　君の後に
3. auf dem Markt [auf dem máʁkt]　　市場で
4. ob du wegläufst [ɔp duː wéklɔɪfst]　　君が逃げるかどうか
5. Mischbrot [míʃbʁoːt]　　混合パン

練習問題 3　フリーマーケットでの客と売り手の会話を，下線部の子音の無声化に気をつけながら発音しましょう。

Kunde	Verkäuferin
● Was kostet das Glas?	○ Dieses Glas ist handgeschnitten, und kostet 20 Euro.
● Geht es nicht billiger?	○ Bis sechzehn Euro, aber mehr nicht.
● Das ist super! Ich nehme es.	○ Vielen Dank.

2. 音脱落

2. 1. 語末のe音の脱落

動詞や形容詞，名詞の語尾 -e, -en, -em, -el のシュワー音 [ə] は，現在では省略される傾向にあります。語尾の -e が省略されると，n, m, l はその音節の中心的な役割を果たし，多少長めに発音します（S.19 参照）。

| arbeiten [áʁbaɪtn̩] | 働く | schenken [ʃɛ́ŋkn̩] | 贈る |
| g<u>u</u>tem [gúːtm̩] | 良い | Klingel [klíŋl̩] | ベル |

2. 2. 会話でのe音脱落の表記

会話で話されている発音通りに記述するため，eの代わりに ' を書くこともあります。

Wie geht's（= geht es）[géːts] denn?　　元気？
Ich kauf'（= kaufe）[káʊf] ein'（= einen）[aɪ̯n]* PC.　　私はPCを買う。
Seh'n（= Sehen）[zéːn] Sie bitte das an!　　それを見てください。
Wir lad'n（= laden）[láːdn̩] Sie ein.　　私たちはあなたをご招待する。
Es kling'lt（= klingelt）[klíŋlt].　　ベルが鳴る。
＊ S.105 参照

練習問題 4　下線部のeを省略して発音しましょう。

1. Gut<u>e</u>n [gúːtn̩] Tag.　　こんにちは。
2. Auf Wiedersehen [víːdɐzeːn].　　さようなら。
3. Wir müss<u>e</u>n [mýsn̩] die Böd<u>e</u>n [bǿːdn̩] putz<u>e</u>n [pʊtsn̩].
　　私たちは床を掃除しなければならない。
4. Reis<u>e</u>n [ráɪzn̩] Sie gern?　　旅行はお好きですか？
5. Woll<u>e</u>n [vɔ́ln̩] wir segeln [zeːgl̩n]?　　ヨットに乗りましょうか？

ただし語尾が -len, -ren, -nen, -men に終わる場合は，原則として e を落とさずに発音します。しかし，最近ではこの場合も e を落とす傾向にあります（S.19 参照）。

1. Füll<u>e</u>n Sie es aus!　　（必要事項を）記入してください。
2. Spiel<u>e</u>n Sie Golf?　　ゴルフをなさいますか？
3. Fahr<u>e</u>n Sie mit?　　一緒に乗っていきますか？
4. Hör<u>e</u>n Sie gut zu!　　よく聞いてください。
5. Sonn<u>e</u>nschein　　太陽の光
6. Könn<u>e</u>n Sie mir helfen?　　手伝っていただけませんか？

2.3. さらなる変化

語尾の [ə] は，省略されてからさらに変化します。

2.3.1. 末尾音硬化*

Ich ha*be* → ich [háːb] → [háːp]
Ich sa*ge* *es* → ich [záːg ɛs] → [záːk ɛs] → [záːks]

*末尾音硬化とは，/b,d,g,v,z/ が音節の末尾にある場合，無声化して /p,t,k,f,s/ になること（S.18 参照）。

2.3.2. 同化と音節主音化

kommen では，語尾のシュワー音が省略されて [kɔ́mn] となった後，[n] は直前の [m] の影響で [m] へと変化します。その後，同じ音 [mm] が続くので，[m] が一つ省略されます（S.105 参照）。

/n/ → [m] :　　[kɔ́mən]　　→　　[kɔ́mn̩]　　→　　[kɔ́mm̩]　　→　　[kɔ́m̩]
　　　　　　　　　　　　　　[ə] の脱落　　　　　[m] へ同化　　　　　　[m] の脱落
　　　　　　　　　　　　　　[n] の音節主音化　　[m] の音節主音化

　　　　　Woher komm*en* Sie?　　　　　　どこから来ましたか？

/n/ → [ŋ] :　　[tríŋkən]　　→　　[tríŋkn̩]　　→　　[tɾɪŋkŋ̍]
　　　　　　　　[ə] の脱落　　　　　音節主音化　　　　[ŋ] へ同化

　　　　　Trink*en* Sie Wein?　　　　　　ワインをお飲みになりますか？

練習問題 5　下線部の音を省略し，さらに変化した音にして発音しましょう。

1. Komm*en* [kɔ́m̩] Sie aus Brem*en* [bʁéːm̩]?
　　　　　　　　　　　　　あなたはブレーメンから来ましたか？
2. Bitte ruf*en* [ʁúːfm̩] Sie auf mein*em* [máɪ̯m̩] Handy zurück!
　　　　　　　　　　　　　私の携帯電話にかけ直してください。
3. Was schenk*en* [ʃéŋkŋ̍] wir Peter?　私たちはペーターに何を贈ろうか？
4. Ich trink*e* [tʁɪŋk] Orangensaft.　　私はオレンジジュースを飲みます。
5. Bring*en* [bʁíŋ] Sie mir die Sock*en* [zɔ́kŋ̍]!
　　　　　　　　　　　　　ソックスを私に持ってきてください。

2.4. よりドイツ語らしい発音をするために

2.4.1. 鼻腔開放

破裂音 [p]/[b], [t]/[d], [k]/[g] の直後に鼻音 [m], [n], [l] が続く場合には，破裂音を破裂させずに発音します。破裂音の調音位置を保ったまま，口蓋垂（S.13参照）を下げて鼻から一気に息を抜きます。これを鼻腔開放といい，[ⁿ] [ᵐ] [ᵑ] と書きます。[pm] では，[p] の形にしたまま口の奥の口蓋垂を下げて「クン」と言うような音を出します。[tn] では，[t] にしたまま鼻から息を出します。シュワー音 [ə] が省略されて破裂音と鼻音が連続するときにあらわれます。

鼻腔開放しない場合とした場合の発音を比べましょう：

La**pp**en	[lápm̩]		→ [lápᵐ]	布切れ
ge**b**en	[géːbm̩]		→ [géːbᵐ]	与える
Gar**t**en	[gáʁtn̩]	鼻腔開放すると	→ [gáʁtⁿ]	庭
re**d**en	[ʁéːdn̩]		→ [ʁéːdⁿ]	話す
dan**k**en	[dáŋkn̩]		→ [dáŋkᵑ]	感謝する
we**g**en	[véːgn̩]		→ [véːgᵑ]	のために

2.4.2. 側面開放

破裂音の直後に [l] が続くと，側面開放させて [ˡ] と発音します。[tˡ], [dˡ] では，舌先を [t], [d] の位置においたまま離さずに [l] を発音すると，舌の左右から一気に息が抜けます。

Han**d**el	[hándl̩]	→	[hándˡ]	商売
Man**t**el	[mántl̩]	→	[mántˡ]	オーバー

同様に [k], [g] の直後の [l] でも，舌の両端から息を開放させます。
側面開放しない場合と比べながら発音しましょう。

Re**g**el	[ʁéːgl̩]	→	[ʁéːgˡ]	規則
On**k**el	[ɔ́ŋkl̩]	→	[ɔ́ŋkˡ]	叔父

2.4.3. 無開放閉鎖音

子音連続中の [p], [t], [k] では，[p], [t], [k] の舌の位置を保ったまま破裂させずに発音します。この子音を無開放閉鎖音といい，発音記号は [˺] を使います。子音に挟まれているので破裂させられないことが原因です。さらに速度を速めると [p], [t], [k] は省かれることもあります。

[t]の無開放

子音連続の中に[t]がある場合は，[t]は破裂させず，舌を[t]の位置においておきます。

Entschuldigung!	[ɛntʼʃúldɪgʊŋ]	すみません。
Hoffentlich!	[hɔ́fəntʼlɪç]	…だといいのだが。
Textstelle	[tékstʼʃtɛlə]	テキストの箇所
Wie findest du das?	[fɪndəstʼduː das]	君はどう思いますか？
Und du?	[ʊntʼdúː]	そして君は？

練習問題 6 [t]が無開放または省かれるところに下線を引き，発音しましょう。

1. Entschuldigen Sie!
2. Was hältst du davon?
3. Musst du heute arbeiten?
4. Hast du heute Zeit?
5. Sind Sie noch da?
6. Gefällt dir das?

[p]の無開放

子音連続中の[p]は破裂させず，そのままの形を保ちます。

Rumpsteak	[ʁúmpʼʃteːk]	ランプステーキ
sprechen	[ʃpʼʁɛç(ə)n]	話す
Symptom	[zʏmpʼtóːm]	症候群

[k]の無開放

子音連続中の[k]は発音せずに[k]の位置に保ったままにします。

Punkt	[púŋkʼt]	点
aktiv	[akʼtíːv]	活動的な
Werkzeug	[vɛ́ʁkʼtsɔɪk]	道具

2.5. 同子音の一方の音の脱落

同じ子音が続くと，片方が省略されます。

Wann nehmen Sie ein Bad? [vannéːmm] → [vanéːm]
あなたはいつお風呂に入りますか？

Aufführung [áʊffyːʁʊŋ] → [áʊfyːʁʊŋ] 上演

Ralf und Tina [ʊnttíːna] → [ʊntíːna] ラルフとティーナ
am meisten [ammáɪst(ə)n] → [amáɪst(ə)n] 最も多くの
am Mittwoch [ammítvɔx] → [amítvɔx] 水曜日に
Mein Name ist Thomas [maɪnnaːməɪsttóːmas] → [maɪnaːməɪstóːmas]
僕の名前はトーマスです。

似ている子音が連続すると，後の方の音が前の子音を代用します。

aus Salzburg [aʊszáltsbuʁk] → [aʊzáltsbuʁk] ザルツブルクから
Ich finde es schön! [ɛsʃǿːn] → [ɛʃǿːn] 私はそれをすてきだと思う。

練習問題 7 下線部に気をつけながら次の語を発音しましょう。

1. Ban<u>kk</u>onto
2. Aus<u>t</u>auschstudent
3. Schrei<u>bp</u>apier
4. A<u>m M</u>orgen
5. Ra<u>dt</u>our

3. 弱くなる音（母音弱化）

会話で速く話す場合には，母音が質的・量的に簡素化され，長母音は短母音に，緊張母音は弛緩母音に，短母音と弛緩母音は [ə] に近づくような音に変化します。

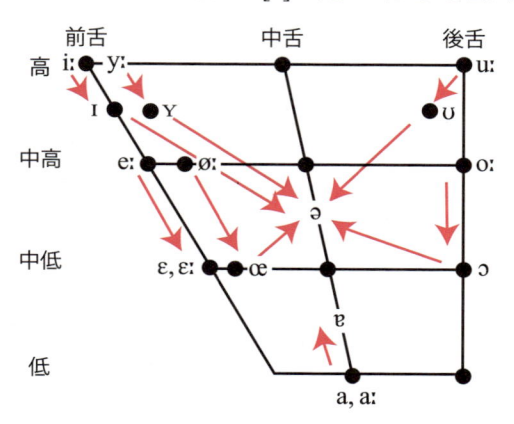

[iː] > [i] > [ɪ]
　　[iː]と延ばす緊張母音が [i] と短くなり、さらに緊張を伴わない [ɪ] となる。
　　　　die [díː] → [dí] → [dɪ́] Tasche

[eː] > [e] > [ɛ]
　　[eː]と延ばす緊張母音が [e] と短くなり、さらに緊張を伴わない [ɛ] となる。
　　　　den [déːn] → [dén] → [dɛ́n] Stuhl

[uː] > [u] > [ʊ]
　　[uː]と延ばす緊張母音が [u] と短くなり、緊張を伴わない [ʊ] となる。
　　　　Buch [búːx] → [búx] → [bʊ́x]

[oː] > [o] > [ɔ]
　　[oː]と延ばす緊張母音が [o] と短くなり、緊張を伴わない [ɔ] となる。
　　　　Sohn [zóːn] → [zón] → [zɔ́n]

[aː] > [a]
　　[aː]と延ばす緊張母音が、[a] と短く発音される。
　　　　Banane [banáːnə] → [banánə]

[yː] > [y] > [ʏ]
　　[yː]と延ばす緊張母音が [y] と短くなり、緊張を伴わない [ʏ] となる。
　　　　Bühne [býːnə] → [býnə] → [bʏ́nə]

[øː] > [ø] > [œ]
　　[øː]と延ばす緊張母音が [ø] と短くなり、緊張を伴わない [œ] となる。
　　　　Löwe [ǿːvə] → [ǿvə] → [œ́və]

さらに弱化が進むとシュワー音 [ə] 音になります。
　　　　den　[deː n] > [d e n] > [d ɛ n] > [d ə n]
　　　　sie　[z iː] > [z i] > [z ɪ] > [z ə]

付録　聞き取り問題にチャレンジ
ドイツ語技能検定試験形式聞き取り問題

　ドイツ語検定試験の3級と4級の聞き取り問題は，第1部から第3部までの3部構成です。ここでは第1部の問題は扱わず，第2部と第3部の「イラストつきの聞き取り問題」と「長文聞き取り問題」を重点的に練習します。

「イラストつきの聞き取り問題」

　4級の問題では，ドイツ語の短い文が流れます。それを聞いた上でその文章の内容を表すのに最も適したイラストを①〜④のうちから選びましょう。
　3級の問題では，まず短い会話が流れます。次に会話の内容についての質問がありますので，質問に対する答えとして最も適したイラストを①〜③のうちから選びましょう。

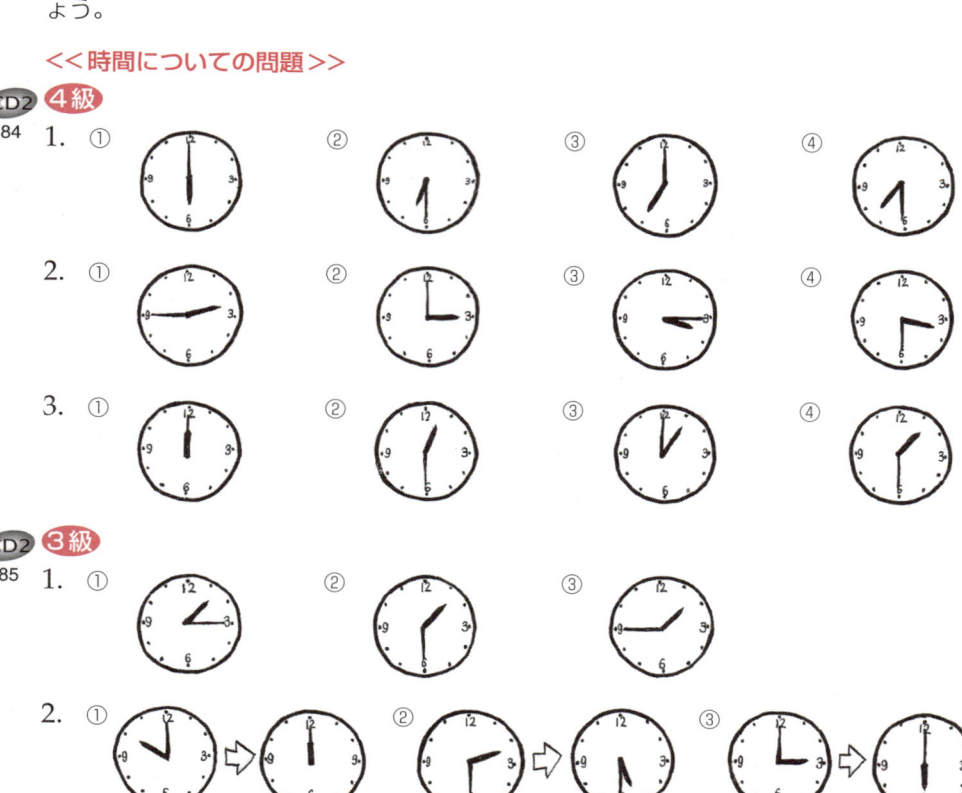

<<時間についての問題>>

CD2-84　4級

1. ① ② ③ ④
2. ① ② ③ ④
3. ① ② ③ ④

CD2-85　3級

1. ① ② ③
2. ① ② ③

<<数字に関する問題>>

4級

1. ① 40　② 100　③ 140　④ 150

2. ① LH 2599 11:45　② LH 2689 11:45　③ LH 2699 11:45　④ LH 2959 11:45

3. ① Erwachsene € 4,00 / Kinder € 8,20
   ② Erwachsene € 8,00 / Kinder € 4,20
   ③ Erwachsene € 8,00 / Kinder € 2,00
   ④ Erwachsene € 8,20 / Kinder € 4,00

3級

1. ① 1 EURO, 20
   ② 5 EURO札, 1 EURO
   ③ 5 EURO札, 2 EURO, 20

2. ① 4. Stock Boutique / 3. Stock 本 / 2. Stock 服 / 1. Stock 靴 / Erdgeschoss 瓶・花
   ② 4. Stock Boutique / 3. Stock 服 / 2. Stock 本 / 1. Stock 靴 / Erdgeschoss 瓶・花
   ③ 4. Stock 服 / 3. Stock 本 / 2. Stock Boutique / 1. Stock 靴 / Erdgeschoss 瓶・花

<<場所に関する問題>>

4級

1. ① ② ③  ④

2. ①  ②  ③  ④

3. ①  ②  ③  ④

3級

1. ① ②  ③

2. ①  ②  ③

<<その他>>

4級

1. ① ② ③ 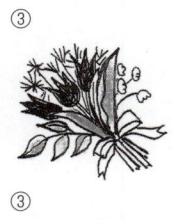 ④

2. ①  ②  ③ ④

3. ①  ②  ③  ④

3級

1. ① ②  ③

2. ①  ②  ③

聞き取り問題：テキスト理解

3級と4級の問題では，まずドイツ語の文章や会話が流れます。次に内容についての質問がありますので，それを聞いた上で解答として_____には適切な語を，_____には数字を書き入れましょう。

4級

1. <<sich vorstellen>>
    1. Sie kommt aus _____.
    2. Sie ist _____.
    3. Sie fährt _____ Stunden.

2. <<Studentenleben>>
    1. Sie essen in der _____.
    2. Er nimmt eine Bratwurst und eine _____.
    3. Es kostet 5 Euro _____.

3. << Auf dem Postamt>>
    1. Er möchte das Paket per _____ schicken.
    2. Er kostet _____ Euro _____.
    3. Er kauft eine _____ zu 4,50 Euro.

3級

1. <<beim Arzt>>
    1. Nein, sie hat _____schmerzen, Husten und Fieber.
    2. Es ist _____ Grad hoch.
    3. Ja, sie ist stark _____.
    4. Sie muss _____ Tabletten einnehmen.

2. <<in der Sprachschule>>
    1. Er fängt am nächsten _____an.
    2. Er dauert etwa _____ Minuten.
    3. Ein Kurs kostet für acht Wochen_____ Euro.
    4. Der Einstufungstest ist _____ um 10 Uhr.

3. <<Ticket-Reservierung>>
   1. Nein, aber er bekommt Karten für _____.
   2. Der Film um _____ Uhr möchte er sich ansehen.
   3. Eine Karte für Erwachsene kostet _____ Euro, für ein Kind kostet sie _____, _____ Euro.
   4. Er soll sie am _____ abholen.

4. <<an der Touristeninformation>>
   1. Es gibt das _____, die _____ und den _____.
   2. Im _____ ist eine Ausstellung von Picasso.
   3. Eine große dauert _____ Stunden, eine kleine dauert _____ Stunden.
   4. Am Spanischen _____ ist der Abfahrtsort.

5. <<Wegbeschreibung>>
   1. Er sucht den _____-Bahnhof.
   2. Man geht hier _____ und die erste Kreuzung _____, nach etwa _____ Metern ist der Bahnhof.
   3. Eine _____ ist an der Kreuzung.
   4. Etwa _____ Minuten.

著者紹介

新倉真矢子（にいくら　まやこ）

國學院大學教授，上智大学名誉教授

著書に，『ドイツ語発音聞き取りトレーニングブック』（三修社），『マイスター新独和辞典』（大修館書店，編集執筆，発音），ドイツ語教科書『Genau! コミュニケーションのドイツ語 ノイ』『Genau! Grammatik neu』『Genau! Lesen』（共に第三書房，共著）など。

平成28年度～平成31年度「外国語音声の聴解力を向上させるための自律型学習プログラムモデルの構築」（研究代表者）

文部科学省海外先進研究実践支援：平成19年度「ドイツ語リズムの音声学的分析と音声教育」

日本学術振興会科学研究費助成事業（基盤研究（C））：平成18～20年度「音声リズムにおける「らしさ」の解明と外国語教育への応用」（研究代表者）／平成21～23年度「外国語音声教育と日本人学習者による音声習得との関係の解明」（研究代表者）／平成24～27年度「外国語音声教育への自律学習法導入による音声習得の向上に関する研究」（代表者）。

その他ドイツ語教育，特に発音の分野において論文や研究発表多数。

新装版
DVD & CDで学ぶ
ドイツ語発音マスター

2014年 9月25日　初版発行
2020年 6月15日　4版発行

著　者　新　倉　真矢子

発行者　柏　倉　健　介
印刷所　幸和印刷株式会社
〒113-0033 東京都文京区本郷5-30-21
Tel. 03-3814-5571 振替 00170-9-452287

発行所　㈱ 郁　文　堂

落丁・乱丁本はお取り替えいたします。

Printed in Japan
ISBN 978-4-261-07356-0

本書のコピー，スキャン，デジタル化等の無断複製は著作権法上での例外を除き禁じられています。本書を代行業者等の第三者に依頼してスキャンやデジタル化することは，たとえ個人や家庭内での利用であっても著作権法上一切認められておりません。

好評 ドイツ語参考書

文法解説書

リファレンス・ドイツ語
―ドイツ語文法の「すべて」がわかる―

独検対応

在間　進 著　2色刷・A5変型判
308頁・本体1,800円＋税

★初級‐中級ドイツ語学習者のための最強文法事典
★2色で見やすく、わかりやすく詳細な解説

好評単語集

新・独検合格 単語＋熟語 1800

独検対応

在間　進／亀ヶ谷昌秀　共著
CD2枚付・2色刷・A5変型判
272頁・本体2,300円＋税

★超基礎（5級）〜4・3・2級レベルに対応
★シンプルで覚えやすい例文と見やすいレイアウト

独検合格シリーズ

★最新の過去問題を分析し、対策をアドバイス
★CDで聞き取り対策もしっかり行います

在間　進
亀ヶ谷昌秀　共著

5〜2級 全てCD付・2色刷・A5判

独検合格4週間 neu	《5級》	160頁	別冊解答集付	本体1,900円＋税
独検合格4週間 neu	《4級》	162頁	別冊解答集付	本体2,200円＋税
独検合格4週間 neu	《3級》	233頁	別冊解答集付	本体2,300円＋税
独検合格4週間	《2級》	181頁	別冊解答集付	本体2,300円＋税

独学に最適の学習書

CD付
独学でもよくわかるやさしくくわしいドイツ語
改訂版

清水　薫／石原竹彦　共著
CD付・ホームページから音声無料ダウンロード
2色刷・B5判・184頁・本体2,400円＋税

★完全書き込み式ドイツ語トレーニングブック
★文法説明と練習問題が見開きで完結
★使いやすい別冊解答

DVD&CDで学ぶ

ドイツ語発音マスター

解答集
(日本語訳付き)

目　次

第2章　母音……………………………………………… 2
第3章　子音………………………………………………10
第4章　アクセントとイントネーション……………18
付　録　ドイツ語技能検定試験形式聞き取り問題…20

新倉真矢子

第三書房

第2章　母音　Vokale

S. 28　Lektion 1　[aː] [a]

ステップ1　　1. 短母音　2. 長母音　3. 長母音　4. 短母音　5. 長母音

ステップ2

2　1. Ist das ein Aal?　　　これはウナギですか？
　　　Ja, das ist ein Aal.　　　はい，これはウナギです。
　2. Ist das ein Kamm?　　これはクシですか？
　　　Ja, das ist ein Kamm.　　はい，これはクシです。
　3. Ist das Sahne?　　　これは生クリームですか？
　　　Ja, das ist Sahne.　　　はい，これは生クリームです。
　4. Ist das eine Tasche?　　これはカバンですか？
　　　Ist das eine Tasche.　　はい，これはカバンです。
　5. Ist das ein Ball?　　　これはボールですか？
　　　Ja, das ist ein Ball.　　はい，これはボールです。

3　1. Ist das eine (Bahn)?
　　　これは（電車）ですか？
　　　－Nein, das ist keine (Bahn), sondern eine (Bank).
　　　－いいえ，これは（電車）ではありません。これは（銀行）です。
　2. Ist das ein (Wall)?
　　　これは（壁）ですか？
　　　－Nein, das ist kein (Wall), sondern ein (Wal).
　　　－いいえ，これは（壁）ではありません。これは（クジラ）です。
　3. Ist das Zimmer (kalt)?
　　　部屋は（寒い）ですか？
　　　－Ja, das Zimmer ist sehr (kalt).
　　　－はい，部屋はとても（寒い）です。

ステップ3　　(a) 1. Arbeiten　　(b) 2. Angestellter　　(c) 3. Fotografin

[日本語訳]
○　こんにちは。私の名前はアクセル　ダールマンです。
□　こんにちは。私の名前はハーンです。ハナ　ハーンです。あなたはここでもう長いこと働いていますか。
○　はい，もう8年です。私はアクサ銀行の行員です。

□ 私は写真家です。私はアンケ株式会社で働いています。

S.30 Lektion 2 [iː] [ɪ]

ステップ1　　1. 短母音　2. 長母音　3. 長母音　4. 短母音　5. 長母音

ステップ2
- ③ 1. Was spricht man in Italien?
     イタリアでは何語を話しますか？
     <u>In Italien spricht man Italienisch.</u>
     イタリアではイタリア語を話します。
  2. Was spricht man in Brasilien?
     ブラジルでは何語を話しますか？
     <u>In Brasilien spricht man Portugiesisch.</u>
     ブラジルではポルトガル語を話します。
  3. Was spricht man in Spanien?
     スペインでは何語を話しますか？
     <u>In Spanien spricht man Spanisch.</u>
     スペインではスペイン語を話します。
  4. Was spricht man in China?
     中国では何語を話しますか？
     <u>In China spricht man Chinesich.</u>
     中国では中国語を話します。
  5. Was spricht man in Amerika?
     アメリカでは何語を話しますか？
     <u>In Amerika spricht man Englisch.</u>
     アメリカでは英語を話します。

ステップ3　　(a) 1. Mittwoch　　(b) 3. Lila　　(c) 2. finden

［日本語訳］
- ○ すみません，私は水曜日にこのTシャツを買いましたが，ライラック色がやはり気に入りません。交換してくれませんか？
- □ 領収書はお持ちですか？
- ○ はい，これです。
- □ ありがとうございます。それではご覧ください。何か新しいものが見つかると良いのですが。

S.32　Lektion 3　[uː] [ʊ]

ステップ1　　1. 短母音　2. 長母音　3. 長母音　4. 長母音　5. 短母音

ステップ2

③ 1. Wie findest du den Pullover?
そのセーターをどう思いますか？
<u>Den Pullover finde ich schick.</u>
そのセーターはすてきだと思います。

2. Wie findest du die Bluse?
そのブラウスをどう思いますか？
<u>Die Bluse finde ich zu bunt.</u>
そのブラウスは派手すぎると思います。

3. Wie findest du das Buch?
その本をどう思いますか？
<u>Das Buch finde ich gut.</u>
その本は良いと思います。

4. Wie findest du den Schmuck?
そのアクセサリーをどう思いますか？
<u>Den Schmuck finde ich super.</u>
そのアクセサリーは素晴らしいと思います。

ステップ3　　(a) 2. Kunden　(b) 1. Blusen　(c) 3. Ruhe

[日本語訳]

お客様に本日の特売品をお知らせします。セーターがたったの10ユーロ、そしてブラウスがたったの7ユーロです。どうぞ2階にお越しください。そしてゆっくりとご覧ください。皆様のお越しをお待ちしています。

S.34　Lektion 4　[oː] [ɔ]

ステップ1　　1. 短母音　2. 長母音　3. 長母音　4. 短母音　5. 長母音

ステップ2

③ 1. Ein Kilo Tomaten kostet 2 Euro.
トマト1キロの値段は2ユーロです。

      <u>Ein Kilo bitte.</u>
      1キロお願いします。
2. Eine Cola kostet 1,50 Euro.
    コーラ1杯の値段は1ユーロ50です。
    <u>Eine Cola bitte.</u>
    コーラを一杯お願いします。
3. Eine Dose Orangensaft kostet 1,50 Euro.
    オレンジジュース1缶の値段は1ユーロ50です。
    <u>Eine Dose bitte.</u>　1缶お願いします。
4. Eine Portion Eis kostet 2,50 Euro.
    アイスクリーム1人前の値段は2ユーロ50です。
    <u>Eine Portion bitte.</u>　1人前お願いします。
5. Ein Kilo Kartoffeln kostet 2 Euro.
    ジャガイモ1キロの値段は2ユーロです。
    <u>Ein Kilo bitte.</u>
    1キロお願いします。

ステップ3　　(a) 2. Morgen　　(b) 3. Oma　　(c) 1. Sonntag

[日本語訳]
○ おはようオリバー。久しぶりね。ボンから来たの？
□ こんにちはロッテ。そうなんだ。僕はボンから来てコブレンツまで行くんだ。今どこに住んでいるの，ロッテ？
○ 私はボンの祖母のところに住んでいるの。一度訪ねてきて！
□ いいよ。日曜日に会うということにしてはどうかな？

S.36 Lektion 5 [e:] [ɛ]

ステップ1　　1. 短母音　2. 長母音　3. 長母音　4. 短母音　5. 長母音

ステップ2
3　A: Haben Sie eben (geben) gesagt, oder (gäben)?
　　　今「あげる」と言いましたか，それとも「あげたら」（gebenの接続法第Ⅱ式）でしたか？
　　B: Ich habe (geben) gesagt, und nicht (gäben).
　　　私は「あげる」といい，「あげたら」とは言いませんでした。

A: Ich dachte, Sie haben (gäben) gesagt, und nicht (geben).
　私はあなたが「あげたら」ではなく「あげる」と言ったかと思いました。
1.　A: sehen/sähen　B: sähen/sehen　A: sehen/sähen
　　（sehen見る/sähen見たら（接続法第2式））
2.　A: lesen/läsen　B: lesen/läsen　A: läsen/lesen
　　（lesen読む/läsen読んだら（接続法第2式））
3.　A: Beeren/Bären　B: Beeren/Bären　A: Bären/Beeren
　　（Beerenベリー/Bären熊）
4.　A: dehnen/Dänen　B: Dänen/dehnen　A: dehnen/Dänen
　　（dehnen延ばす/Dänenデンマーク人）

ステップ3　　3. nehmen

S.40　Lektion 8　[øː] [œ]

ステップ1　　1. 長母音　2. 短母音　3. 長母音　4. 長母音　5. 短母音

ステップ2

3　A: Guten Tag. Wie heißen Sie?
　　こんにちは。あなたの名前は何ですか？
　B: Ich heiße (Mohn). 私の名前はMohnです。
　A: Ah, Sie sind (Herr Mohn). Übrigens, ich heiße (Möhn).
　　ああ，あなたがMohnさんですね。ところで私の名前はMöhnです。
　B: Oh, guten Tag, (Herr Möhn).
　　そうですか。こんにちはMöhnさん。
1.　B: Böhne　A: Herr Böhne/Bohne　　B: Herr Bohne
2.　B: Flöhn　A: Frau Flöhn/Flohn　　B: Frau Flohn
3.　B: Nösse　A: Herr Nösse/Nosse　　B: HerrNosse
4.　B: Spolle　A: Frau Spolle/Spölle　　B: Herr Spölle

ステップ3　　(a) 3. Zwölf　　(b) 1. Töpfe　　(c) 2. Möhrenkuchen

[日本語訳]
○　今日私たちはケーニヒスベルガークロプセ(肉団子)とクネーデル（ジャガイモ団子）の料理をします。
□　クネーデルはいくつ作りますか？12個ですか？
○　いや，8個で十分です。でもお鍋が2ついりますね。私はデザート用ににんじんケ

ーキを焼きます。
　□　いいですね，もっと頻繁にケーキがあってもいいですね。

S.42 Lektion 9 [y:] [ʏ]

ステップ1　　1. 長母音　2. 長母音　3. 短母音　4. 長母音　5. 短母音

ステップ2
　③　1.　Die Katze ist jung, 8 Wochen alt.　　　ネコは幼いです。まだ8週目です。
　　　　　– Diese Katze ist noch jünger.　　　　この猫の方がもっと幼いです。
　　　2.　Die weiße Maus ist klug.　　　　　　　白いネズミは賢いです。
　　　　　– Die schwarze ist viel klüger.　　　　黒い方がもっと賢いです。
　　　3.　Das Essen ist sehr gesund.　　　　　　この食事はとても健康的です。
　　　　　– Das Essen hier ist noch gesünder.　　この食事の方がもっと健康的です。
　　　4.　Sieh mal, die Hose ist kurz.　　　　　　見てごらん，このズボンは短いよ。
　　　　　– Diese Hose ist viel kürzer.　　　　　このズボンの方がずっと短い。

ステップ3　　(a) 2. Früchten　　(b) 1. Tüte　　(c) 3. Konfitüre

[日本語訳]
　○　君は朝食に何を食べていますか？
　□　私は朝早くにはたいてい果物入りのミュースリを食べます。それにスクランブルエッグを食べ，牛乳一袋を飲みます。
　○　私はいつもバターとジャムつきのパンを2個，そしてケーキを1個食べます。というのも私は何か甘いものを朝食に食べるのが好きだからです。
　□　もっと早ければ，私はとても眠くて朝はなにも食べられません。

S.44 Lektion 10 [aɪ]

ステップ2
　③　1.　Schreib bitte den Brief!
　　　　　その手紙を書いてください。
　　　　　– Ich habe ihn schon geschrieben.
　　　　　私はもう書きました。
　　　2.　Leihst du mir das Buch?
　　　　　私に本を貸してくれない？

– Das Buch habe ich von Max geliehen.
   その本はマックスから借りました。
3. Zeigen Sie ihnen die Stadt!
   彼らに街を案内してあげてください。
   – Ich habe ihnen schon die Stadt gezeigt.
   私はもう彼らに街を案内しました。
4. Feiert Thomas seinen Geburtstag?
   トーマスは誕生日を祝いますか？
   – Er hat ihn schon gefeiert.
   彼はもう祝いました。

ステップ3　　(a) 2. Sportvereine　　(b) 1. Fußballverein　　(c) 3. Heimatverein

[日本語訳]
○ どこかのクラブに所属していますか？ドイツにはとてもたくさんのクラブがあります：スポーツクラブ，青少年クラブ，コーラスクラブ，それに市民農園クラブや郷土クラブもあります。
□ はい，私は小さなサッカークラブに所属しています。毎週末サッカーのトレーニングをします。
○ 私は郷土クラブに関心があります。私たちで郷土クラブを立ち上げましょうか。クラブを立ち上げるには二人いれば十分です。
□ いいでしょう。それでは二人でクラブを一つ作ろう。今日すぐに。

S.46 Lektion 11　[au]

ステップ2
3　1. Er hat gestern viel getrunken.　　彼は昨日たくさん飲んだ。
     Er war blau .　　　　　　　　　　　彼は酔っ払った。
  2. Sie lag im Sommer in der Sonne.　　彼女は夏，日光浴をした。
     Sie ist jetzt braun .　　　　　　　　彼女は今，日焼けして黒い。
  3. Er ist noch Lehrling.　　　　　　　　彼はまだ見習いだ。
     Er ist noch grün .　　　　　　　　　彼はまだ未熟だ。
  4. Schneewittchen war weiß wie Schnee.
     白雪姫は雪のように白かった。

ステップ3　　(a) 2. dauernd　　(b) 1. Gebrauchwagen　　(c) 2. Blau

[日本語訳]
○ パウラ，ぼくたちには新しい車が必要だ。ぼくたちの車はもう古くていつもトラブルが起きている。今日の午後，中古車の展示会に行かない？
△ いい考えね，クラウス！今どんな中古車が車市場にあるのか見てみましょう。
○ ぼくの大好きな色は青で，ぼくの夢の車はオープンカーだ。

S.48 Lektion 12 [ɔɪ]

ステップ1
1. 二重母音 2. 別々の母音 [muzéːʊm] 3. 二重母音
4. 別々の母音 [bəʊʁtaɪlən] 5. 二重母音

ステップ2
3 1. In Deutschland spricht man Deutsch.
   ドイツではドイツ語が話されている。
2. In der Schweiz spricht man Deutsch.
   スイスではドイツ語が話されている。
3. In Österreich spricht man Deutsch.
   オーストリアではドイツ語が話されている。
4. In Liechtenstein spricht man Deutsch.
   リヒテンシュタインではドイツ語が話されている。
5. In einem Teil Belgiens spricht man Deutsch.
   ベルギーの一部ではドイツ語が話されている。

ステップ3   (a) 1. heute   (b) 2. Feuerwehr   (c) 1. Norddeutschland

[日本語訳]
○ みなさん，今日，あなた方に新しい仲間を紹介します。こちらがオイゲンさんです。彼は消防署で働いていました。彼が今日から我々の仲間になってくれて，とてもうれしく思います。
□ こんにちは。私の名前はペーター　オイゲンです。北ドイツから来ました。ご親切な歓迎に感謝し，多くの新しい仲間にお会いできてうれしく思います。

第3章 子音 Konsonanten

S.52 Lektion 13 [p] [b]

ステップ1　1. [b]　2. [b]　3. [b]　4. [p]　5. [p]

ステップ2
3. 1. Schreibst du mir bald?　　　私にすぐ手紙を書いてくれますか？
    Ja, ich schreibe dir bald.　　はい，あなたにすぐ手紙を書きます。
   2. Habt ihr Besuch?　　　　　　君たちのところに客が来ていますか？
    Ja, wir haben Besuch.　　　　はい，私たちのところに客が来ています。
   3. Glaubt er es?　　　　　　　　彼はそれを信じていますか？
    Ja, er glaubt es.　　　　　　はい，彼はそれを信じています。
   4. Bleibt ihr noch?　　　　　　君たちはまだいますか？
    Ja, wir bleiben noch.　　　　はい，私たちはまだいます。
   5. Treibst du gern Sport?　　　君はスポーツが好きですか？
    Ja, ich treibe gern Sport.　はい，スポーツが好きです。

ステップ3　　(a) 3. Bratwurt　　(b) 1. Bratkartoffeln　　(c) 2. Bier

[日本語訳]
○ 注文をお願いします。
□ どうぞ，何にいたしましょう？
○ キノコのスープと焼きソーセージをお願いします。でもフライドポテトではなく，炒めたポテトがほしいのですが，できますか？
○ はい，もちろんです。何の問題もありません。そして飲み物は何にしますか？新鮮なイチゴジュースを試してみませんか？
○ いいえ。それよりビール1杯お願いします。
□ すぐお席にお持ちします。

S.54 Lektion 14 [t] [d]

ステップ1　1. [d]　2. [t]　3. [d]　4. [t]　5. [d]

ステップ2
3. 1. Ich suche ein Hemd.　　　　　　　　　私はシャツを探しています。
    Hemden finden Sie im dritten Stock.　シャツは4階です。

2. Ich suche ein Kleid. ドレスを探しています。
   <u>Kleider finden Sie im zweiten Stock.</u> ドレスは３階です。
3. Ich suche ein Bild. 絵を探しています。
   <u>Bilder finden Sie im vierten Stock.</u> 絵は５階です。
4. Ich suche ein Fahrrad. 自転車を探しています。
   <u>Fahrräder finden Sie im fünften Stock.</u> 自転車は６階です。
5. Ich suche einen Herd. レンジを探しています。
   <u>Herde finden Sie im Untergeschoss.</u> レンジは地階です。

ステップ３　　(a) 1. Dresden　(b) 3. verheiratet　(c) 2. Nichte

[日本語訳]
○ きょうだいは何人いますか？
□ 弟が一人です。彼はまだ大学生で，ドレスデンの大学で演劇論を勉強しています。
○ 君はいいですね。私も兄弟が一人ほしかったです。
□ きょうだいはいないのですか？
○ いいえ，姉がいます。姉は結婚して子供が一人います。娘の名前はドーリスですで，私の姪です。

S.56 Lektion 15　[k] [g]

ステップ１　　1. [g]　2. [g]　3. [g]　4. [k]　5. [k]

ステップ２

3　1. Ich frage mal Petra. ペトラにちょっと聞いてみます。
   <u>Ja, frag sie mal!</u> ええ，彼女に聞いてみてください。
2. Ich lege mich in die Sonne. 日光浴をします。
   <u>Ja, leg dich in die Sonne!</u> ええ，日光浴をしなさい。
3. Ich sage es ihm. 彼に言います。
   <u>Ja, sag es ihm!</u> ええ，彼に言ってください。
4. Ich steige auf den Berg. 山登りします。
   <u>Ja, steig auf den Berg!</u> ええ，山に登りなさい。
5. Ich packe den Koffer. 荷造りします。
   <u>Ja, packe den Koffer!</u> ええ，荷造りしなさい。

ステップ３　　(a) 2. Zug　(b) 3. Gleis　(c) 1. Kassel

［日本語訳］
○ すみません，この電車はゲッティンゲンに行きますか？
□ いいえ，ゲッティンゲン行きの電車は2番線です。でもカッセルで乗り換えなければなりません。
○ 教えてくれてどうもありがとうございます。乗り換えなければいけないことを忘れてしまうところでした。
□ どういたしまして。

S.58 Lektion 16 [s] [z]

ステップ1　　1. [z]　　2. [z]　　3. [s]　　4. [s]　　5. [s]

ステップ2

3　1. Reist du gern?　　　　　旅行は好きですか？
　　　Ja, ich reise gern.　　　　　はい，旅行は好きです。
　2. Lest ihr gern?　　　　　君たちは読書が好きですか？
　　　Ja, wir lesen gern.　　　　はい，私たちは読書が好きです。
　3. Überweist du es?　　　　これを振替で送ってくれますか？
　　　Ja, ich überweise es.　　　はい，これを振替で送ります。
　4. Löst du es?　　　　　　これが解けますか？
　　　Ja, ich löse es.　　　　　はい，解けます。
　5. Heißt du Sara?　　　　　ザラという名前ですか？
　　　Ja, ich heiße Sara.　　　　はい，私の名前はザラです。

ステップ3　　(a) 2. Sommer　　(b) 3. Insel　　(c) 1. segeln

［日本語訳］
○ この夏は旅行に行かれますか？
□ はい，私はいとことパリに行きます。私たちはたくさんの名所旧跡を見たいと思っています。
○ とてもおもしろそうですね。私たちはズルト島に行きます。ズルト島は北海にあります。私たちはヨットに乗ったり，読書をしたり，太陽を満喫します。
□ とても楽しんで来られると思いますよ。ズルトは素晴らしい島に違いありません。

S.60 Lektion 17 [ʃ] [ʒ]

ステップ1　　1. [ʃ]　　2. [ʒ]　　3. [ʃ]　　4. [ʒ]

ステップ2
　4　1.　Was machen Sie heute?　　あなたは今日何をしますか？
　　　　 <u>Ich spiele Schach.</u>　　　　私はチェスをします。
　　　2.　Was esst ihr morgens?　　君たちは毎朝何を食べますか？
　　　　 <u>Wir essen Orangen.</u>　　　私たちはオレンジを食べます。
　　　3.　Was machst du heute?　　君は今日何をしますか？
　　　　 <u>Ich spüle das Geschirr.</u>　 私はお皿を洗います。
　　　4.　Was lesen Sie abends?　　あなたは夕方何をしますか？
　　　　 <u>Ich lese Zeitschriften.</u>　　私は雑誌を読みます。

ステップ3　　(a) 2. Stadion　　(b) 3. Stadt　　(c) 2. schnell

[日本語訳]
こんにちはジョリー，こちらシュテファン。30日にシュテフィーと僕はスポーツカーレースを見にスタジアムに行くつもりだ。これから1時間で街に行ってチケットを買いに行くんだ。一緒に行きたかったらすぐに電話をかけ直して。

S.62　Lektion 18　[f] [v]

ステップ1
　3　1. [v]　　2. [v]　　3. [f]　　4. [v]　　5. [f]

ステップ3　　(a) 1. Wetter　　(b) 2. Wochenende　　(c) 2. wandern

[日本語訳]
○　今日の天気はどうなりますか？天気予報を聞きましたか？
□　今日は春の天気で，暖かくなります。
○　では週末はどうですか？
□　週末には激しい雷雨があるそうです。
○　残念。週末に山にハイキングに行くつもりだったのに。

S.64　Lektion 19　[x] [ç]

ステップ1　　1. [ç]　　2. [x]　　3. [ç]　　4. [ç]　　5. [x]

ステップ3　　(a) 3. österreichischen　　(b) 2. ganztägig　　(c) 2. Chefkoch

[日本語訳]
オーストリア料理について充分な知識のあるコック（男性・女性）を急募しています。私たちは伝統的な料理をフルタイムで提供している，穏やかで和やかなチームです。コック長は信頼のおける人物です。すぐに私たちのところにドイツ語でEメールを送ってください。

S.66 Lektion 20 [ʀ] [ʁ] [r]

ステップ2

3　1. Die Schuhe sind klein.　　　　靴は小さいです。
　　　Haben Sie die auch größer?　　大きめのはありませんか？
　2. Der Saft ist nicht so frisch.　　ジュースはそんなに新鮮ではありません。
　　　Haben Sie den noch frischer?　もっと新鮮なのはありますか？
　3. Das Bett ist schmal.　　　　　　ベットは狭いです。
　　　Haben Sie das auch breiter?　　もっと広いのはありますか？

ステップ3　　(a) 1. Familienzimmer　　(b) 3. Drei　　(c) 1. Formular

[日本語訳]
○　こんにちは。部屋は空いていますか？朝食付きの家族用の部屋をお願いしたいのです。
□　朝食付きの家族用の部屋ですね。何の問題もありません。何泊なさいますか？
○　3泊お願いします。バスつきですか？
□　ええ，部屋にはバスと，それとは別にシャワーがついています。
○　それではその部屋にしたいです。
□　ありがとうございます。この書類に書き込んでください。

S.68 Lektion 21 [l]

ステップ1

1. [ʁ]: braun [bʁáʊn]　茶色の　　2. [l]: Laden [láːdən]　店
3. [ʁ]: groß [gʁóːs]　大きい　　　4. [l]: laut [láʊt]　（音が）大きい

ステップ２

A: Heißt der neue Lehrer (Lamsdorf)?
　新しい先生の名前はLamsdorfですか？
B: Nein, er heißt (Ramsdorf).
　いいえ，彼の名前はRamsdorfです。
A: Dann kenne ich Herrn (Ramsdorf).
　そしたら私，Ramsdorf先生のことを知っています。
B: Ich kenne aber nur Herrn (Lamsdorf).
　私はLamsdorf先生しか知りません。

1. A: Rego　B: Lego　A: Lego　B: Rego
2. A: Biele　B: Biere　A: Biere　B: Biele
3. A: Reise　B: Leise　A: Leise　B: Reise
4. A: Wild　B: Wirt　A: Wirt　B: Wild

ステップ３　(a) 2. Einladung　(b) 3. blauen　(c) 1. gelbe

[日本語訳]
○ こんにちは。花束を一ついただきたいのですが。
□ どのようなことにお使いですか？
○ 私たちは食事に招待されていて，プレゼントに花を持って行きたいのです。
□ この青い花はどうですか？とても素敵ですよ。
○ そうですね。悪くないですね。そこにいくつか黄色い花も加えてください。２つの色はよく合います。
□ 分かりました。11ユーロの花束にお包みします。

S.70 Lektion 22　[n] [ŋ]
ステップ２

2. 1. Wann fangen die Kurse an?　　コースはいつ始まりますか？
   　<u>Am Montag, den elften Januar.</u>　１月11日の月曜日。
2. Welche Kurse gibt es?　　どのようなコースがありますか？
   <u>Es gibt Anfängerkurse und Mittelstufenkurse.</u>
   初級と中級のコースがあります。
3. Was kostet ein Kurs?　　コースはいくらですか？
   <u>Einhundertzehn Euro.</u>　110ユーロです。
4. Wie kann man sich zu einem Kurs anmelden?

コースへの申し込みはどうすればよいのですか？
Per E-Mail oder per Telefon.　　Eメールか電話です。

ステップ3　　(a) 2. Hauptbahnhof　　(b) 1. aussteigen　　(c) 3. angenehme

[日本語訳]
みなさま，あと少しでフランクフルト中央駅に到着します。ウィーンへの接続はICE539で10時28分，ミュンヘンへはIC3417で10時32分，ミュンスターへはRE2861で10時35分です。フランクフルトで降りられるお客様にはご乗車いただき，心から感謝します。どうぞ列車での快適な旅を続けてください。

S.72　Lektion 23　[m]

ステップ2
1. Der Kopf tut mir weh.　　私の頭が痛い。
2. Der Arm tut mir weh.　　私の腕が痛い。
3. Der Daumen tut mir weh.　　私の親指が痛い。
4. Das Bein tut mir weh.　　私の脚が痛い。
5. Der Magen tut mir weh.　　私の胃が痛い。

S.73　Lektion 24　[ʔ]

ステップ1
1. mit｜Anna　2. ｜um｜eins　3. The｜ater
4. be｜achten　5. Ver｜ein　6. Wochen｜ende

S.74　Lektion 25　[h]

ステップ1
1. [hɪ]: hinten 後ろ　2. [çɪ]: griechisch ギリシャの　3. [hɪ]: Hilfe 援助
4. [çi]: China 中国　5. [hɪ]: hierhin ここへ

ステップ2
③　1. Hilf mir!　　　　　　　　　　　　助けて！
　　2. Komm(e) bitte hierher!　　　　　こちらに来い！

  3. Trag(e) den Hut! 　　　　　帽子をかぶれ！
  4. Geh(e) mit dem Hund spazieren! 　犬と散歩に行け！
  5. Hör(e) gut zu! 　　　　　　良く聞け！

ステップ3 　　3. Hemden

S.76 Lektion 26 [j]
&boxed;2 1.[i]([famí:liə]) 　2.[j]([vaníljə]) 　3.[i]([lɛktsió:n]) 　4.[j]([ju:nió:ɐ̯])

S.77 Lektion 27 [pf]
3 1.Topf

S.79 Lektion 29 [tʃ]
3 2. zechenschwarze

S.80 Lektion 30 [kv]
3 1. Diese Plastik<u>w</u>aren sind auch für die Mikrowelle geeignet.
  このプラスチック製品は電子レンジにも使用できます。
 2. Das Hochdruck<u>w</u>etter hält noch an und die Sonne scheint.
  高気圧はまだ停滞し，太陽が出ています。
 3. Auf dem Rück<u>w</u>eg hole ich mir noch etwas Gemüse.
  帰りに少し野菜を買って行きます。
 4. Kein anderes Haus war in Blick<u>w</u>eite.
  視界には家が他に一軒もありませんでした。

S.81 Lektion31 [ks]
2 1. <u>Sagst</u> du es noch einmal?
  もう一度言ってくれませんか？
 2. <u>Fragst</u> du bitte mal den Chef?
  上司にちょっと聞いてくれませんか？
 3. <u>Zeigst</u> du mir den Weg?
  道を案内してくれませんか？
 4. <u>Schickst</u> du mir noch eine E-Mail?
  メールを私によこしてくれませんか？
 5. <u>Weckst</u> du mich morgen um acht?
  明日8時に起こしてくれませんか？

第4章　アクセントとイントネーション

S.90

練習問題 1

1. kóm-men　　be-kóm-men　　vór-kom-men
2. hö́-ren　　ge-hö́r-en　　áuf-hö-ren
3. brín-gen　　ver-brín-gen　　mít-brin-gen
4. Kár-te　　Fáhr-kar-te　　Kár-ten-spiel
5. Réi-se　　Bús-rei-se　　Réi-se-bü-ro
6. Mu-sík　　mu-si-zíe-ren　　mu-si-ká-lisch
7. Stu-dént　　Stu-dén-tin　　stu-díe-ren
8. Bá́-cker　　Bä-cke-réi　　Bá́-cker-meis-ter

練習問題 2

1. úmfahren
2. übersétzen
3. wiederhólen
4. únterstellen
5. überlégen
6. jédermann
7. vor Míttag
8. Náchmittag
9. Méerwasser
10. ein Láden

S.94

練習問題 4

1. a. Sie kennen Kl<u>au</u>s.
2. b. Sie sprechen D<u>eu</u>tsch?
3. a. Es r<u>e</u>gnet heute.
4. b. Er kann F<u>u</u>ßball spielen?

練習問題 5

1. b. Gehen Sie nach H<u>au</u>se!
2. a. Gibst du mir das B<u>u</u>ch?
3. a. Trinkt ihr jeden Tag Milch?

S.95

練習問題6

1. b. Wir trinken B<u>ie</u>r.
2. a. Heute trägt er ein <u>T</u>-Shirt?
3. a. Was m<u>a</u>chen Sie?
4. b. Wohin g<u>e</u>hst du?

練習問題7

1. Das ist schwierig.　　↘　それは難しいです。
2. Wann gehen wir?　　↗　いつ行こうか？
3. Jetzt geht es nicht.　　↘　今はだめです。
4. Was meinen Sie dazu?　　↗　それについてどう思いますか？
5. Genaueres weiß man nicht.　　↘　正確にはわかりません。

音変化

S.105

練習問題6

1. En<u>t</u>schuldigen Sie!　　すみません。
2. Was häl<u>ts</u>t du davon?　　君はそれについてどう思いますか？
3. Muss<u>t</u> du heute arbeiten?　　今日仕事をしなければなりませんか？
4. Has<u>t</u> du heute Zeit?　　今日時間がありますか？
5. Sin<u>d</u> Sie noch da?　　まだいますか？
6. Gefäll<u>t</u> dir das?　　これ気に入った？

付録　ドイツ語技能検定試験形式聞き取り問題

「イラストつきの聞き取り問題」

S.108　<<時間についての問題>>

4級
1. Das Konzert heute beginnt um halb sieben.
   今日のコンサートは6時半に始まります。
2. Der Zug kommt um Viertel nach drei an.
   電車は3時15分に到着します。
3. Es ist schon eins. Essen wir zu Mittag?
   もう1時だ。お昼ご飯にしようか？

答え　1. ②　　2. ③　　3. ③

3級
1. A: Unser Zug fährt um halb zwei ab.
   B: Gut, dann haben wir noch eine Viertelstunde Zeit.
   A: Ich hole schnell etwas zu Trinken. Ich habe Durst.
   Frage: Wie spät ist es jetzt?

   A：私たちの電車は1時半に出発します。
   B：そうか。ではまだ15分あります。
   A：急いで飲みものを買いに行きます。私はのどがかわいています。
   質問：今何時ですか？

2. A: Hallo Birgit. Gehen wir morgen zusammen ins Museum? Es gibt eine Sonderausstellung.
   B: Gut. Aber morgen habe ich viel vor. Von 10 bis 12 gibt es eine Vorlesung, von 1 bis 2 habe ich eine Besprechung. Aber ab halb 3 habe ich Zeit.
   A: Dann treffen wir uns um 3 vor dem Museum?
   B: Gut, aber nur bis halb sechs. Um 6 bin ich eingeladen.
   Frage: Von wann bis wann hat Birgit morgen Zeit?

   A：こんにちはビルギット。明日一緒に博物館に行かない？特別展示があるんだ。
   B：いいよ。でも明日は予定がたくさんあるの。10時から12時まで講義があり，1時から2時まで打ち合わせがあるの。でも2時半から時間がとれる。

A：そしたら3時に博物館の前で待ち合わせをしようか？
B：いいよ。でも5時半までね。6時に招待されているの。
質問：ビルギットは明日何時から何時まで時間がありますか？

答え　1. ①　　2. ②

S.109　＜＜数字に関する問題＞＞
4級
1. Der Bus Nr. 140 fährt ins Stadtzentrum.
   140番バスは都心に行きます。
2. Ich fliege morgen nach Amerika. Meine Flugnummer ist 2599.
   私は明日アメリカに飛びます。私のフライトナンバーは，2599です。
3. Eine Kinokarte für Erwachsene kostet 8,20 Euro, für Kinder 4,00 Euro.
   映画のチケットの大人料金は8.20ユーロ，子どもは4ユーロです。

答え　1. ③　2. ①　3. ④

3級
1. A: Guten Tag, haben Sie Kartoffeln?
   B: Ja, die kosten 2 Euro das Kilo.
   A: Dann nehme ich drei Kilo. Und geben Sie mir vier Orangen bitte.
   B: Gerne. Vier Orangen kosten 1 Euro 20. Sonst noch etwas?
   A: Nein danke, das ist alles.
   Frage: Was macht das zusammen?

   A：こんにちは，ジャガイモはありますか？
   B：はい，1キロ2ユーロです。
   A：では3キロお願いします。そしてオレンジを4個ください。
   B：いいですよ。オレンジ4個で1ユーロ20です。その他に何かいりますか？
   A：いいえ。これで全部です。
   質問：あわせていくらですか？

2. A: Entschuldigen Sie, wo finde ich denn Pullover?
   B: Pullover sind im zweiten Stock, in der Kleidungsabteilung. Sie können auch Pullover in einer Boutique kaufen: „Boutique Berger" ist im vierten Stock. Zurzeit ist allerdings der Fahrstuhl kaputt - Sie können mit der Rolltreppe bis zum dritten Stock fahren und dann nehmen Sie die Treppe bis in den vierten Stock.

A: Vielen Dank.
Frage: Welche Etageninformation des Kaufhauses ist richtig?

A：すみません，どこでセーターが買えますか？
B：セーターは３階の洋服売り場にあります。セーターはブティックでも買えますよ。ブティックベルガーは５階にあります。今のところエレベータは壊れています。エスカレータで４階まで行って，５階には階段をお使いください。
A：どうもありがとう。
質問：デパートの売り場案内はどれが正しいでしょう？

答え　1. ③　　2. ①

S.110　<<場所に関する問題>>

4級

1. In den Winterferien gehe ich nach Österreich und fahre Ski.
   冬休みに私はオーストリアへ行き，スキーをします。
2. Vor dem Haus steht ein Fahrrad und rechts daneben liegt eine Katze.
   家の前に自転車があり，右隣に猫が横たわっています。
3. Es regnet und wir spielen zu Hause Tischtennis.
   雨が降っています。私たちは家で卓球をします。

答え　1. ①　　2. ③　　3. ④

3級

1. A: So, hier ist der Stadtplan und hier sind wir am Bahnhof.
   B: Was besichtigen wir denn zuerst? Gehen wir in die Kirche, ins Rathaus oder in den Dom?
   A: Der Dom ist ganz in der Nähe. Lass uns zuerst in den Dom gehen.
   B: Gut. Rechts daneben ist die Kirche und gegenüber dem Dom ist das Rathaus.
   Frage: Welcher Stadtplan ist richtig?

   A：さて，ここにあるのが市街地図で，私たちはここの駅にいるんだ。
   B：何を始めに見に行こうか？教会に行こうか，それとも市庁舎？それとも聖堂？
   A：聖堂はとても近いところにある。始めに聖堂に行こう。
   B：いいよ。右隣に教会があり，聖堂の向かい側に市庁舎ある。
   質問：どの市街地図が正しいですか？

2. Mutter: Wir brauchen Marmelade zum Frühstück. Hol bitte ein Glas Marmelade aus dem Regal, Thomas.
   Thomas: Mache ich, Mama, wo im Regal ist denn die Marmelade?
   Mutter: Sie steht links unten. Die Marmelade steht neben den Tomatendosen. Oben ist das Müsli.
   Frage: Wo ist die Marmelade?

母：朝食にジャムがいるの。トーマス，棚からジャムを取ってきて。
トーマス：分かった，ママ。ジャムは棚のどこにあるの？
母親：左下にあります。ジャムはトマトの缶詰の横にあります。上にはミュースリがあります。
質問：ジャムはどこにありますか？

答え　1. ①　　2. ③

S.111　<<その他>>
4級
1. Zu Weihnachten schenken wir unserem Vater eine Flasche Wein.
   クリスマスに私たちはお父さんにワインを1本贈ります。
2. Das ist meine kleine Schwester. Sie hat lange Haare.
   これが私の妹です。彼女は長い髪をしています。
3. Der Tisch ist groß aber der Stuhl ist klein.
   机は大きいですが，イスは小さいです。

答え　1. ②　　2. ①　　3. ③

3級
《弟への誕生日プレゼント》
1. A: Morgen ist Lukas' Geburtstag. Er wird 14. Was sollen wir ihm schenken? Sollen wir ihm ein Ticket für ein Fußballspiel schenken? Oder hast du eine bessere Idee?
   B: Lukas spielt gern Fußball, aber er liest auch sehr gerne. Schenken wir ihm doch einen Roman. Gestern ist ein neuer Roman erschienen. Er freut sich bestimmt darüber.
   A: Gut, dann machen wir es so. Gehen wir morgen zusammen zur Buchhandlung?
   Frage: Was schenken die beiden Lukas?

A：明日はルカスの誕生日だ。彼は14歳になる。僕たち何を彼にプレゼントしようか？彼にサッカーの試合のチケットをプレゼントしようか。それとも何か良いアイディアはある？

B：ルカスはサッカーが好きだが，読書もとても好きだ。彼に小説を贈ろう。昨日新しい小説が出たんだ。絶対に喜ぶと思うよ。

A：分かった。ではそうしよう。明日いっしょに本屋に行く？

質問：彼らはルカスに何をプレゼントしますか？

2. <<im Restaurant>>

Kellner: Guten Tag, was wünschen Sie?

Gast: Einen Kaffee und einen Käsekuchen, bitte.

Kellner: Wir haben leider keinen Käsekuchen mehr. Obstkuchen ist aber noch da, Schokoladenkuchen und Erdbeertorte auch.

Gast: Dann nehme ich einen Obstkuchen.

Kellner: Möchten Sie Sahne dazu?

Gast: Ja gern, mit Sahne bitte.

Frage: Was nimmt der Gast?

ボーイ：こんにちは，何にいたしましょう。
客：コーヒーとチーズケーキをお願いします。
ボーイ：残念ながらチーズケーキはもうありません。でもフルーツケーキはまだあります。チョコレートケーキといちごケーキもあります。
客：ではフルーツケーキにします。
ボーイ：ホイップクリームをつけましょうか。
客：はい，ホイップクリームをつけてください。
質問：客は何を注文しましたか？

答え　1. ②　　2. ③

S.112　聞き取り問題：テキスト理解

4級

1. Guten Tag, mein Name ist Mahler, Katrin Mahler. Ich komme aus Kanada. Ich bin Busfahrerin von Beruf. Ich arbeite jeden Tag acht Stunden. Heute fahre ich von 12 Uhr mittags bis 8 Uhr abends. Ich habe eine Stunde Pause. Danach gehe ich nach Hause. Denn morgen fange ich früh an. Schon um 6 Uhr morgens beginnt die Fahrt.

Frage:

1. Woher kommt Katrin Mahler?
2. Was ist sie von Beruf?
3. Wie viele Stunden fährt sie jeden Tag?

Lösung 1. Kanada   2. Busfahrerin   3. 8

<<自己紹介>>
こんにちは，私の名前はマーラーです。カトリン・マーラーです。私はカナダから来ました。私の職業はバスの運転手です。私は毎日8時間仕事をします。今日はお昼の12時から夕方8時まで運転します。1時間休憩があります。その後家に帰ります。というのも明日は早く始めるからです。6時にはもう運転が始まります。

質問：
1. カトリン・マーラーはどこから来ましたか？
　　彼女は＿＿＿＿＿＿＿＿＿から来ました。
2. 彼女の職業は何ですか？
　　彼女の職業は＿＿＿＿＿＿＿＿＿＿＿＿＿＿＿です。
3. 彼女は毎日何時間運転しますか？
　　彼女は＿＿＿時間運転します。

答え 1. カナダ   2. バスの運転手   3. 8

2. Thomas: Hallo Boris. Gehen wir zusammen essen?
Boris: Hallo, Thomas. Ja, wollen wir in die Mensa? Ich esse gern in der Mensa.
Thomas: Was gibt es denn heute? Ah...ich nehme eine Bratwurst mit Kartoffelsalat.
Boris: Ich nehme auch eine Bratwurst aber ohne den Salat, und eine Tagessuppe.
Thomas: Du Boris, ich lade dich heute ein. Ich bezahle heute das Essen.
Kassierin: Das macht zusammen 5 Euro 80.

Frage:
1. Wo essen Boris und Thomas?
2. Was nimmt Boris?
3. Was kostet das Essen zusammen?

Lösung 1. Mensa   2. Tagessuppe   3. 5.80

<<大学生生活>>
トーマス：やあ，ボーリス．一緒に食事に行かないか？
ボーリス：やあ，トーマス。そうだね，学食に行かないか？僕は学食で食べるのが好きだ。
トーマス：今日は何があるのかな？そうだな…僕は焼きソーセージにポテトサラダにする。
ボーリス：僕も焼きソーセージにする。でもサラダはなしだ。でも日替わりスープをつけるよ。
トーマス：なあ，ボーリス，今日は僕がおごるよ。僕が今日，食事代を払うよ。
レジ係：全部で5ユーロ80です。

質問：
1. ボーリスとトーマスはどこで食べますか？
 彼らは_____で食事をする。
2. ボーリスは何を食べますか？
 彼は焼きソーセージと_____にします。
3. 食事は合計でいくらですか？
 食事は5ユーロ_____です。

答え 1. 学食 　2. 日替わりスープ 　3. 80

3. A: Guten Tag, ich möchte dieses Paket aufgeben.
 B: Möchten Sie es per Luftpost oder per Seepost verschicken?
 A: Mit Luftpost bitte.
 B: Das macht 20 Euro bitte.
 A: Wie viel kostet dieser Brief nach Japan?
 B: 1,70 Euro per Luftpost.
 A: Gut, geben Sie mir bitte auch noch eine Sonderbriefmarke zu 4,50 Euro.
 B: Ja, gern. Das macht alles zusammen 26,20 Euro.

 Frage:
 1. Verschickt der Kunde das Paket per Luftpost oder per Seepost?
 2. Wie viel kostet der Brief nach Japan?
 3. Was kauft der Kunde noch?

 Lösung 1. Luftpost 　2. 1　70 　3. Sonderbriefmarke

<<郵便局で>>
A：こんにちは，小包を送りたいのですが。

B：航空便ですか，それとも船便ですか？
A：航空便でお願いします。
B：20ユーロになります。
A：日本へのこの手紙はいくらですか？
B：航空便で1ユーロ70です。
A：分かりました。他に4ユーロ50の記念切手をください。
B：はい，承知しました。全部で26ユーロ20です。

質問：
1. 客は小包を航空便で送りますか，それとも船便ですか？
   彼は小包を_____で送ります。
2. 日本への手紙はいくらですか？
   それは_____ユーロ_____です。
3. 客は他に何を買いますか？
   客は4ユーロ50の_____を買います。

答え　1. 航空便　　2. 1　70　　3. 記念切手

3級

1. Patientin: Guten Tag, Herr Doktor.
   Arzt: Guten Tag, Frau Schmidt. Was fehlt Ihnen denn?
   Patientin: Seit gestern habe ich starke Kopfschmerzen. Ich habe auch Husten und Fieber.
   Arzt: Wie hoch ist das Fieber?
   Patientin: 38 Grad.
   Arzt: Machen Sie sich bitte oben frei. Atmen Sie einmal tief ein. ... Sie sind stark erkältet. Ich verschreibe Ihnen ein Medikament. Nehmen Sie drei Tabletten vor jeder Mahlzeit ein.
   Patientin: Vielen Dank, Herr Doktor und auf Wiedersehen.

   Frage:
   1. Hat die Patientin Magenschmerzen?
   2. Wie hoch ist das Fieber?
   3. Ist sie krank?
   4. Was muss sie vor jeder Mahlzeit einnehmen?

   Lösung　1. Kopf　　2. 3 8　　3. erkältet　　4. 3

<<医者で>>
患者(女性)：こんにちは，先生。
医者：こんにちは，シュミットさん。どうしましたか？
患者：昨日からひどい頭痛がします。セキも熱もあります。
医者：熱は何度ありますか？
患者：38度です。
医者：上半身を開けてください。深呼吸してください。　...ひどい風邪ですね。薬を処方します。毎回食事前に3粒飲んでください。
患者：ありがとうございます，先生。さようなら。

質問：
1. 患者は胃が痛いのですか？
    いいえ，彼女は＿＿＿＿が痛く，セキと熱があります。
3. 熱はどのくらいありますか？
    熱は＿＿＿度です。
4. 彼女は病気ですか？
    はい，彼女はひどく＿＿＿＿＿＿＿＿＿＿＿＿＿。
4. 彼女は毎食前に何を飲まなければいけませんか？
    彼女は＿＿＿粒飲まなければなりません。

答え　1. 頭　　2. 38　　3. 風邪をひいている　　4. 3

2. A: Guten Tag. Ich möchte mich gern zum Deutschkurs anmelden.
   B: Die Kurse fangen nächten Montag an. Sie müssen aber vorher einen Einstufungstest ablegen.
   A: Wie lange dauert der Einstufungstest?
   B: Ungefähr 30 Minuten.
   A: Was kostet ein Kurs?
   B: Für 8 Wochen 160 Euro, jeden Tag von 9 bis 13 Uhr, außer samstags und sonntags.
   A: Gut, dann melde ich mich zum Einstufungstest an.
   B: Dann kommen Sie morgen um 10 Uhr vorbei.
   A: Ja, dann bis morgen.

   Frage:
   1. Wann fängt der nächste Kurs an?
   2. Wie lange dauert der Einstufungstest?
   3. Wie viel kostet ein Kurs?

4. Wann ist der Einstufungstest?

Lösung 1. Montag 2. 3 0 3. 1 6 0 4. morgen

<<語学学校で>>
A：こんにちは。ドイツ語の講座を申し込みたいのですが。
B：講座は次の月曜日に始まります。その前にプレースメントテスト受けなければなりません。
A：プレースメントテストはどのくらいかかりますか？
B：約30分です。
A：講座はいくらですか？
B：8週間で160ユーロです。毎日9時から13時まであり，土曜日と日曜日はありません。
A：分かりました。それではプレースメントテストに申し込みます。
B：それでは明日10時に来てください。
A：はい，それではまた明日。

質問：
1. 次の講座はいつ始まりますか？　次の_____に始まります。
2. プレースメントテストはどのくらいかかりますか？
    約_____分です。
3. 1講座はいくらかかりますか？　講座は8週間で_____ユーロです。
4. プレースメントテストはいつありますか？プレースメントテストは_____の10時からです。

答え 1. 月曜日 2. 3 0 3. 1 6 0 4. 明日

3. A: Kinderkino, guten Tag.
   B: Guten Tag. Ich möchte zwei Karten für die Schneewittchen-Vorstellung am Dienstag bestellen.
   A: Tut mir leid, wir haben keine Karten mehr für Dienstag. Aber für Mittwoch gibt es noch ein paar.
   B: Dann nehme ich zwei Karten für Mittwoch. Für die Aufführung um 17 Uhr, ein Erwachsener und ein Kind bitte. Was kostet eine Karte?
   A: Für einen Erwachsenen sieben Euro, für ein Kind 3,50 Euro. Zusammen also 10,50 Euro. Kommen Sie am Mittwoch vor der Aufführung bitte zum Schalter und holen Sie die Tickets ab. Auf welchen Namen soll es sein?
   B: Gießen bitte. Vielen Dank und auf Wiederhören!

Frage:
1. Kann der Mann Karten für Dienstag bekommen?
2. Um wie viel Uhr möchte der Mann den Film ansehen?
3. Was kostet eine Karte?
4. Wo soll der Mann die Karten abholen?

Lösung 1. Mittwoch 2. 17 3. 7 3,50 4. Schalter

<<チケットの予約>>
A：子供映画館です。こんにちは。
B：こんにちは。火曜日の「白雪姫」のチケットを2枚ほしいのですが。
A：残念ながら火曜日のチケットはもうありません。でも水曜日のチケットはまだいくつか残っています。
B：それでは水曜日のを2枚ください。17時の上映を大人一枚と子供一枚お願いします。チケットは1枚いくらですか？
A：大人1枚7ユーロ，子供1枚3ユーロ50です。合計で10ユーロ50になります。水曜日の上映前に売り場にお越しになりチケットをお受け取りください。お名前は何ですか？
B：ギーセンです。どうもありがとう，さようなら。

質問：
1. 男の人は火曜日のチケットを手に入れることができましたか？
　いいえ，でも_____のチケットはもらえました。
2. 男の人は何時の映画が見たいですか？
　彼は_____時の映画が見たいです。
3. チケットは1枚いくらですか。
　大人1枚_____ユーロ，子供は_____._____ユーロです。
4. その男の人はどこでチケットを受け取ることになっていますか？
　彼は_____で受け取ることになっています。

答え 1. 水曜日 2. 17 3. 7 3.50 4. 窓口

4. A: Entschuldigen Sie, was für Sehenswürdigkeiten gibt es hier in der Stadt?
B: Sie sehen hier auf dem Stadtplan das Schloss, die Kirche und den Marktplatz. Im Museum ist zurzeit eine Ausstellung von Picasso.
A: Hmm... sehr schön. Gibt es hier auch Stadtrundfahrten?
B: Ja, es gibt eine große und eine kleine Stadtrundfahrt. Die große dauert etwa vier Stunden, die kleine dauert zwei Stunden.

A: Wo ist der Abfahrtsort für die Stadtrundfahrt?
B: Dort am Spanischen Platz geht es los.

Frage:
1. Was für Sehenswürdigkeiten gibt es in der Stadt?
2. Wo ist die Ausstellung von Picasso?
3. Wie lange dauert eine Stadtrundfahrt?
4. Wo ist der Abfahrtsort für die Stadtrundfahrten?

Lösung 1. Schloss Kirche Marktplatz 2. Museum
3. 4 2 4. Platz

<<ツーリストインフォメーションにて>>
A：すみません，この街にはどのような見どころがありますか？
B：この地図でお城，教会，市場広場をご覧ください。博物館では今のところピカソの展示会が開かれています。
A：ふむ，とてもいいですね。ここでは市内観光もできますか？
B：はい，大コースと小コースがあります。大コースは約4時間かかり，小コースは2時間です。
A：市内観光の出発場所はどこですか？
B：あそこのスペイン広場から出発します。

質問：
1. 街にはどのような見どころがありますか？
   ＿＿＿＿と＿＿＿＿と＿＿＿＿があります。
2. ピカソの展示会はどこにありますか？
   ピカソの展示会は＿＿＿＿にあります。
3. 市内観光はどのくらいかかりますか？
   大コースは約＿＿時間，小コースは＿＿時間です。
4. 市内観光の出発場所はどこですか。
   スペイン＿＿＿＿から出発します。

答え 1. 城 教会 市場広場 2. 博物館 3. 4 2 4. 広場

5. A: Entschuldigen Sie, wie komme ich zum West-Bahnhof?
   B: Zum West-Bahnhof? Das ist ganz einfach. Gehen Sie hier geradeaus und die erste Kreuzung rechts. An der Ecke der Kreuzung ist eine Apotheke. Nach etwa zehn Metern sehen Sie gleich links den Bahnhof.

A: Wie lange dauert es bis dahin?
B: Etwa zehn Minuten.

Frage:
1. Was sucht der Mann?
2. Wo ist der Bahnhof?
3. Was ist an der Kreuzung?
4. Wie lange dauert es bis zum West-Bahnhof?

Lösung   1. West   2. geradeaus rechts 2 0   3. Apotheke   4. 1 0

<<道案内>>
A：すみません，西駅にはどう行けばよいですか。
B：西駅ですか？とても簡単です。ここをまっすぐ行き，最初の交差点を右にまがってください。交差点の角には薬局があります。約10メートル行くと左に駅が見えます。
A：どのくらいかかりますか？
B：約10分です。

質問：
1. 男の人は何を捜していますか？
    彼は＿＿＿＿＿駅を捜しています。
2. どこに西駅がありますか？
    ここを＿＿＿＿＿行き，最初の交差点を＿＿＿＿＿行き，約＿＿＿＿メートルしたら駅があります。
3. 交差点の角には何がありますか？
    交差点の角には＿＿＿＿＿があります。
4. どのくらいかかりますか？
    約＿＿＿＿分かかります。

答え 1. 西   2. まっすぐ 右に 2 0   3. 薬局   4. 1 0